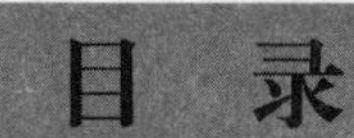

Contents 目录

Chapter 3　选好话题，才能抓住谈话主角

Chapter 4　妙口生花，让对方见你就喜欢

高情商聊天术

周爱农◎编著

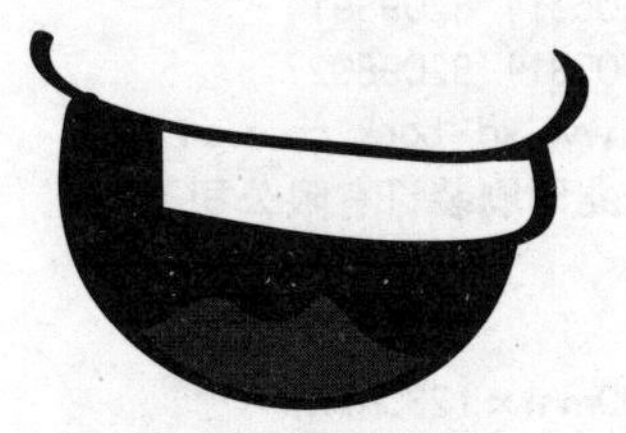

山东人民出版社·济南
国家一级出版社 全国百佳图书出版单位

图书在版编目（CIP）数据

高情商聊天术/周爱农编著.--济南：山东人民出版社，2019.7 （2023.3重印）

ISBN 978-7-209-12168-2

Ⅰ.①高… Ⅱ.①周… Ⅲ.①语言艺术－通俗读物 Ⅳ.①H019-49

中国版本图书馆CIP数据核字(2019)第151814号

高情商聊天术

GAOQINGSHANG LIAOTIANSHU

周爱农　编著

主管单位　山东出版传媒股份有限公司
出版发行　山东人民出版社
出 版 人　胡长青
社　　址　济南市市中区舜耕路517号
邮　　编　250003
电　　话　总编室（0531）82098914
　　　　　市场部（0531）82098027
网　　址　http://www.sd-book.com.cn
印　　装　三河市金兆印刷装订有限公司
经　　销　新华书店

规　　格　32开（880mm×1230mm）
印　　张　5
字　　数　108千字
版　　次　2019年8月第1版
印　　次　2023年3月第3次
印　　数　20001-120000
ISBN 978-7-209-12168-2
定　　价　36.80元

Chapter 5 问到点子上，答得水平高

Chapter 6 委婉含蓄做得到位，拒绝也得体

1

Chapter 1

说服，理由充足是王道

说服需直击人物内心

富兰克林说过："我一生中一直在做的事情，就是说服别人要做什么，或者说服别人不要做什么。"想要说服别人，最重要的莫过于打动他的心思，让他真心接受你的想法。那么，如何有效地动摇他人的内心想法，改为接受你的思路呢？除了坦诚相待，聊天时更需要将你的观点解释清楚。

要知道，不会有人轻易地打破自己的观点接受你的建议或者要求，除非你能够以理服人，将利弊得失阐述清楚。在这个过程中，需要的是暖人心的聊天技术。

抓住对方内心想法，然后以理服人

有一句俗语说得好："有理走遍天下，无理寸步难行。"动之以情、晓之以理是聊天的根本，更是说服的关键所在。

史学著作《战国策》中有一个著名的故事，讲述的便是说服的魅力。在战国时期，七国争斗不断。赵惠文王去世，赵国的赵太后临危受命执掌政权，却恰逢秦军欺负他们正值国本动荡，大举来犯。无奈之下，赵国只好向同为强国的齐国求援。齐国不愿轻易发兵，便要求赵太后的儿子长安君到齐国做人质，使双方在战后也能交好。但赵太后心疼儿子，不愿将长安君送到那么远的地方。无奈国事为重，赵国不得不求救于齐国。于是众多赵国大臣纷纷劝说赵太后，却受尽责骂。

面对此情此景，触龙并没有像其他大臣一样，强烈要求赵太后妥协，为国家利益送走亲骨肉。他巧妙地避其锋芒，先说自己年老身体抱恙，借机询问赵太后身体如何，打消赵太后顾虑。接着跟赵太后讲解自己对孩子的疼爱和关心，最后向赵太后阐明利害得失，告诉赵太后，将长安君送往齐国对长安君的好处，希望赵太后能为孩子长远打算。最终，赵太后被触龙说服，高高兴兴地将长安君送往齐国。

我们都知道聊天技巧的重要，但言辞再生动，话语再有趣，也拗不过一个"理"字。想要他人采纳你的想法，就需要以理服人。一个人坚持自己的观点，绝对有自己的理由，说服者应该细心研究对方的苦衷：他为什么会有那样的想法？我应该如何说服他放弃原有的观点？触龙之所以能够打动赵太后，让赵太后欣然信服，高高兴兴送儿子离开，是因为他攻心为上，步步引导，站在客观事实的角度，情理交融才打动了对方。

说服他人一定要理由充分

我国知名工笔画大家郑小娟曾在电影《周恩来》中饰演邓颖超，从而大放异彩，深受影迷喜爱。但起初，没有演艺经验的她并不愿接受电影制片方的邀请，是在她先生的说服下才成就美谈。

本是知名画家的郑小娟气质出众，被导演一眼相中，认定是扮演邓颖超的不二人选。但郑小娟却犯起嘀咕，自己从未接受过正规表演的培训，竟要挑大梁扮演女主人公，她便以身体不好为由，回绝了导演。执着的导演辗转找到郑小娟家再做动员，成功打动了郑小娟的先生。郑小娟的先生接受了导演的好意，强烈支持郑小娟出演。

郑小娟得知她先生自作主张后，十分生气，责怪丈夫行事鲁莽。她的先生却好言说服道："我希望你出演这部电影是有充足理由的。第一，虽说你并没有参加过表演培训，但电影是放大的艺术，你也是搞艺术的，一定有相通之处。只要刻苦学习，不会有问题。第二，很多人一辈子也没有这样的好机会，你可以趁着拍戏了解一下不同行业。第三，你天天在家作画，思路难免受到限制，出去走走，开阔眼界，有助你美术方面的发展。最为重要的是，这是伟大领袖周总理的事，怎么能因为有困难就推托呢！"

想要说服他人，就必须在"理由"上下功夫，给别人一个"无法回绝的理由"，自然大功告成。郑小娟的先生能说服郑小娟，是和他的充分理由和周到思量分不开的。用充分的理由摆事实，讲道理，让他人从你的言语中领悟到正确的理念，从而接受你的想法，按照你的想法行事。

强有力的说服是什么样的呢?

说服经常出现在我们的生活中。在与他人打交道的过程中，我们不是在说服他人，就是在被他人说服。在工作中，我们需要说服上级和下属；在生活中，我们需要说服好友亲朋；在社交场合，我们甚至需要说服那些形形色色的陌生人。

说服并非仅是简单的闲谈，也不是花言巧语就可以做到的。

它需要说服者拥有较强的反应能力，可以左右谈话的方向，捕捉对方的心理脉络，让对方根据自己的思维模式思考问题。

那么，强有力的说服是什么样的呢？

1. **说服他人，需要正确的逻辑**

大海航行中需要指南针指明前路方向，说话也需要有一定的思维逻辑，而说服，更需要正确的逻辑做指引，才能有条不紊地了解对方的心理活动，将自己的想法种到对方的心里。混乱的逻辑会失去说服力，想要达到说服的目的，必须周密论证以使对方有正确的了解。

2. **提出有力可靠的证据**

倘若你是销售人员，需要在展销会上销售一件普遍不受重视的产品。你该如何组织语言，让别人转变想法，对你信服，从而接受产品呢？

最好的说服途径，莫过于在展销会上提供有力可靠的材料，例如翔实的数据分析、产品的售后反馈分析等，而不是主观地一味吆喝。数字看似干干巴巴的，可却是最有说服力的可靠的证据，不但能让人信服，也是打消他人疑虑的不二法门。

3. **给对方提示具体的做法**

在说服过程中，可以考虑清晰无误地告诉被说服者为什么这么做，应该怎么做，做到怎样的程度等，让被说服者知道从何下手。对方往往也会很高兴地按照你的想法行动。

跳开对错误话题的“循环论证”

有一个流传甚广的笑话，讲的是一位平日沉默寡言的秀才宴请宾客。

饭菜都已经备好，只等开席，可还有一些客人没有到场。秀才十分着急，便口无遮拦道：“哎呀！这是怎么回事，怎么该到的人还不到呢？”

在场的许多宾客听了十分不高兴：“什么叫该到的不到呀？那我们就是不该到的人呗！那我们走还不行吗？”这些不爽的宾客找了一些借口便离开了。

本来人就没有到齐，一些宾客还离开了，秀才此时更是着急，急忙说：“这可咋办呀？这不该离开的人又离开了。”剩下的宾客听到秀才这样讲，满腹牢骚，心想：“照你这样说，我们才是应该离开的人吗？”于是剩下的人也离开了不少。

仅剩的宾客中有人和秀才平日交好，知道他的脾气，便好心劝告他：“你这样说话，太得罪人了。”秀才无奈地嘀咕：“我又没有说他们。”最终，仅剩的宾客也一个个生气地离开了。

好好的一顿饭，为何会弄得大家不欢而散呢？实际上，秀才正是陷入了错误话题的“循环论证”，从而造成了不必要的误解。这样既破坏了现场氛围，也给自己的人际关系制造了矛盾冲突。

什么是错误话题的“循环论证”？

一个合情合理的论证，需要有三个组成部分：第一是准确的前提，第二是逻辑严谨的推导过程，第三是正确的结论。

循环论证蕴含这样一种逻辑结构——不仅可以从前提推导出结论，也可以从结论反推出前提。

但错误话题的“循环论证”是循环反复地阐明一种错误的观点。记得在一期网络综艺节目《奇葩说》中，有两名选手在辩论。蔡康永便指明其中一人是在犯错误话题的“循环论证”，也就是一个错误的观点来回倒腾着说。

打一个比方：“苹果是世界上最好的水果！”“为什么苹果是世界上最好的水果呢？”“苹果是水果，它就是最好吃的水果。”“你为什么觉得苹果是最好的水果？”“苹果好，是最好的水果。”在辩论赛中，循环论证经常隐藏于定义之中，经过包装后会很难发现，也很有杀伤力。因为本质上这是一种流氓逻辑，用于辩论中不择手段地取胜。

如果你不能说服别人，有时并不是因为你不太善于运用说服的艺术，还有可能是因为你本身的观点并不好。说服虽然需要强大的技巧，却永远不可能把黑的说成白的。所以，不要把说服视为辩论。后者以取胜为目的，不管对方服不服，而前者则需要对方心悦诚服。

如果你拥有好的想法或是好的商品，但无法有效地向他人传达这些信息，那么再好的东西也没有价值。但是，如果你的想法和观点本身就存在问题，再冠冕堂皇的话也无法征服人心。

有位社交心理学家说：“人们最容易犯的错误就是，因为我是对的，所以我是对的。”以此逻辑为基础去说服别人，用错误的观点一次次地证明结论，就会形成一种霸道的交谈模式，不会为人所接受。

错误的诡辩不得人心

2017年，电视剧《人民的名义》火遍了全中国，一群老戏骨出演的角色，正反面形象都栩栩如生，其中最让人难忘的莫过于汉东省委常委、省委副书记兼任政法委书记的高育良了。高育良本是知名大学的优秀教授，但身陷官场旋涡无法自拔，最终害人害己。其中，他的几次诡辩让人印象深刻。

当时，省委书记沙瑞金召集重要干部开一场研究干部基层工作调研的专题会，名为“麻雀解剖会”，主要会议思想是要提拔易学习为吕州市委副书记。众多干部了解到易学习的事迹后大为感动，纷纷不解如此一位踏踏实实、勤勤恳恳地在基层做了20多年处级领导的干部，怎么就没有及时得到提拔呢？

干部们从易学习的事件上进行反思，深感应该在提拔人事制度上唯才是举。曾经做过易学习领导的高育良此时却用起了辩证法，他说：“我们还是要讲一个辩证法，像政治资源，也是相对的。我们上面领导是下面干部的政治资源，那么下面的干部也是我们上面领导的政治资源。在干部人事安排上，主管领导任用一些身边熟悉的干部，也是情有可原的嘛。熟悉的，就知根知底，什么秉性，有多大能耐，什么都清楚，用起来就比较放心，是不是？”

他云山雾罩地绕了一圈，将话锋绕到了组织人事任命规章制度等条条框框中，试图说服在座的各位并为自己开脱责任。沙瑞金书记为了照顾他的面子，不好说什么，但会中的其他人却不好糊弄，纷纷提出了质疑。这时，高育良又唱起了高调，先是扯了刘少奇与淘粪工人时传祥的事例，接着又扯到了雷锋，还说了淘粪工与雷锋都没有什么级别职称，但依然服务于党，服务人民，表示不需要把每一个时传祥、雷锋那样的干部都提拔到领导岗位上来。最后，表露出了自己真实的意图，就是认为领导干部用人唯亲是便于调配管理，并没有什么过错。

他的一席话被另一位干部当场总结为诡辩，又受到了会上其他同事的一系列“炸弹攻击”。高育良这才意识到自己的问题，他意识到此刻的说服已经引起“众怒”，一时之间好生尴尬。

在这个情节中，高育良本想依靠着逻辑的诡辩说服他人，没承想却为自己惹了一鼻子灰。事实上，辩论逻辑是没有错的，可以用于聊天，也可以用于正式的会议交谈。但错误的诡辩是绝不可取的，如果特意将真理强调成谬误，把谬误强调成真理，且暗自得意地运用辩论技巧包装华丽的说辞，就是有意歪曲事实，混淆是非。这么做不仅说服不了对方，也很让人讨厌。一般而言，也往往会引起众怒。

说服别人，不能只讲大格局、大道理。纵观历史和我们的现实生活，那些善玩诡辩的人，在说服他人时往往能滔滔不绝，说的全是大格局和大道理，而且是采用一种循环论证的方法。他们错误地运用原则，在阐述每一个问题时，都会或谈论古今，或引用名言，千方百计找出佐证自己观点的依据。但是，这些根据和理由放到当下的环境中却都是不能成立的。

三国时代的名相诸葛亮在《出师表》中说过一个成语：引喻失义。就是说，虽然举出了好比喻，却失去了本意，也违背了原有的含义。这样的人，只不过故作聪明地摆弄概念，搞一些不客观的论据，做一些歪理邪说，为自己荒谬的观点和行为做辩护。

切记这一点：好的聊天基于能说服人心的道理。手里没有真理的人，即使说得天花乱坠，他们的周围也是没有听众，没有信众。最终，不仅无法说服他人，还会引起别人的反感，也就没人愿意听他说什么了。

“说得过去”，未必就“做得开心”

“理不辩不明”这句话当然是对的。每个人的态度立场不同，在聊天和交流中发生争辩在所难免。但为说服对方，双方就争得面红耳赤，伤了和气，也是实在没有必要的。更何况，盲目的争辩只会让双方更为坚定心中所想，越来越针锋相对，最终可能谁都无法说服对方，反而成了大仇人。即使在争辩中你赢得了胜利，也可能伤了对方的心，惹人不悦。

因此，“说得过去”，未必就“做得开心”。怎么理解呢？你说服了对方同意自己的想法，也未必能让他开心地配合你，贯彻你的思路。现实中这种情况是相当普遍的，人们嘴上服了你，行动中却“阳奉阴违”，并不积极。

远离针锋相对的争辩，才是明智之举

美国知名心理学家布斯博士曾经进行过关于“人们在争辩中的心理变化”的论题研究。他用录音机记录下社会中各行各业人士之间的争吵和辩论，并收集了近一万条案例的录音。这些案例中，包括了老师和家长的争辩，推销员与买方的争辩，老板与员工的争辩，妻子和丈夫的争辩，甚至专业辩手、政客以及联合国官员的辩论，应有尽有。

布斯博士对这些录音进行分析比对，得出了一个令人惊讶的观点：

那些职业的辩手、优秀的政治家和联合国各国代表，这些精英人士的意见在辩论中被接受的成功率反而不如底层社会的走卒商贩。

是什么原因导致这样的结论呢？随着调查的深入，布斯博士发现，那些职业的辩手、优秀的政治家和联合国各国代表说服他人的手段千变万化不离其宗，都是为了找出对方的破绽进行打击，从而证明自己观点的高明，是为了结果的胜利。而那些走街串巷的推销员或小商人所做的，只是尽力找出一个观点证明自己产品的优秀，从而让对方真心地接受。

找出对方话题中的弱点进行反击，看似聪明，实则使自己陷入了针锋相对的争辩，为了说服而说服，让对方更不容易接受自己的观点。美国著名的成功学大师卡耐基曾这样说：“普天之下，只有一个办法能从争辩中获得好处——那就是远离它。”

这世上哪有人喜欢自己的观点被别人反对呢？每个人都希

望自己的观点得到普遍的认可。但是，发表自己的观点容易，接受别人的观点却很难，有几个人能时时刻刻地敞开心扉，虚心待人呢？

这不仅仅是敞开心扉的问题，更为重要的是，不同人的生长环境、人生原则、价值观念、立场态度不尽相同。哪怕是最普遍的饮食口味，南方和北方都会有豆腐脑的甜咸之争。这些岂是几句争辩就能改变的？在平时的聊天中我们也能发现，凡是涉及这些话题，人们总是争个不停，无法统一认识。

当你与他人发生争辩时，如果更多地从自己的角度出发，用自己不周全的想法与对方对峙，哪怕力度再强，气势再盛，对方也不会被你说服。相反，人们还可能很反感你的自大狂妄。他们也会采取与你相似的办法，极力地讲述和捍卫自己的观点，和你争辩起来。

这是一场没有赢家、只有输家的战争。假如对话的两个人非要一争高下不可，结果就是双输。所以远离争辩，才是交谈和对话的明智之举。

说服不同于非得争得一个“理”

聊天本身是为了交流观点，增进彼此感情。谁也不希望在聊天中被对方打击到自信，伤害到情绪。所以，一个会聊天的人，不会因为争辩某个观点而伤害双方的感情。

有两只小兔子争论彼此的观点，其中黑兔子认为水萝卜是最好吃的萝卜，而白兔子认为青萝卜是最好吃的萝卜。两只兔子谁也说服不了谁，便找到德高望重的老兔子评评理。未承想老兔子却表示：“我吃了这么多年的萝卜，发现明明是胡萝卜最好吃。”三只兔子你一言我一语，争论得没完没了，最后也没有辩出个所以然来。

我们发现，非要争个高低是面对不同意见时人们最常见的反应，也是最不恰当的一个反应。因为兴奋过激的表现往往让人更加冲动，反而无法使事情得到合理解决，达不成共识。其实，生活中有很多说服的案例就像这三只兔子的争论一样，彼此没有是非和对错之分，只是各自的立场角度不同而已，根本没有必要针锋相对。

有人说：“和女人是不能讲道理的，因为讲道理赢过女人的男人最后都单身了。”这虽是一句玩笑话，却不无道理，也道出了说服的本质。因为吵赢了对方，并不代表能说服对方。

产生不同的意见后，很多人第一时间想的便是如何去说服对方：“你必须同意我的意见，否则……”每个人都在走极端。你有没有想过，或许对方并不需要你的说服，并且同意你的立场呢？特别是在你表达立场时，一味地采取争论的态度，不仅不会让你显得舌绽莲花，反而会给人留下一种自大狂妄、不能容人的形象。

如果你争论失败了，对方不仅觉得你思想不够成熟，还可能认为你是一个咄咄逼人的家伙。如果你争论取胜了，也无法让对方心服口服。或许他今日赞同了你的观点，但心中满是不快，改日一有机会就找你开战。这实在不利于关系的维护，这样的对话也是完全没必要的。

为了争论而争论，不能解决任何问题，只能让人徒增愤怒，伤害感情。所以，如果不是在某件事上非要辩出一个高低，或者涉及重大的是非问题，就没必要据理力争，去为难他人和自己。在争论中不会产生赢家，有一方哪怕表面上似乎占了上风，实际上也不会取得最后的胜利。从本质上来说，争得一个理，你却可能输了情。

说服并不需要争辩，需要的是走心

就像前面讲到的，说服不是争论，更不需要吵架。当我们与他人的意见不统一时，难免会需要费点儿心思，说服对方。这种情况比比皆是，任何人都有这方面的需求。但被说服者不是你的敌人和对手。我们应该将对方看成是平等的伙伴，将你认为正确且有利于他的想法平和地表现出来，让他在最短的时间内理解和认同。

就是说，说服的目的首先是争取对方的理解，其次才是让对方认同。很多人喜欢跟人争辩，嘴巴就像一把刀子。因为争辩后的成功能够带来心理上的成就感和满足感，但它不是十分有效的手段。在说服的过程中采用功利性的辩论技巧，更有可能激发对方的逆反心理，反而更不容易说服他。

现实中人都是情感动物，你给他人微笑，对方自然还你微笑；你给他人冰霜，对方自然还你冰霜。这是人们普遍的一种心理，也是人的本性决定的。说服式的聊天，是让对方心甘情愿地接受我们的想法，而不仅是点头同意就可以了。

这样看来，你就不仅仅是简单地用嘴去说，用理去辩，更需要走心——用情感叩开对方的心扉，了解和理解对方的内心世界，了解和理解对方的所思、所想和所需。在对话过程中，既要维护对方的尊严，也要满足对方的虚荣心，这样才能在说服的过程中既“说得过去”，又“做得开心”。

总之，人与人见了面，免不了要有交流，也就免不了会听到不同的想法，看到不同的态度。对待这些情况，应该认真地思考双赢的解决途径，千万不要将对话变成面红耳赤的争辩。

真正的说服就是行得通

说服对方，是一个人对另一个人施加影响力的过程。我们都渴望自己有能力去说服他人，赢得他人的信赖和支持，从而实现自己的目的。但真正的说服对方，并非就是驱使对方按照自己的观点行事，而是成功地让他人认可你的想法，然后去实现某个目标。若是对方真正被说服，他在内心深处会赞同你的观点，并且信赖你的言行。

宁做“过头事”，莫说“过头话”

有句话说得好：“宁做过头事，莫说过头话。”在人际交往中，如果做了“过头事”，哪怕后果严重，但事情已然发生，大家生过气之后也就顺其自然，接受了这个结果。但是说了“过头话”的后果是不一样的，特别是在你给人希望又让人失望时。在事情的结果尚未出现前，你的“过头话”——比如过高的承诺，会让对方就像等待考试成绩一般忐忑、紧张、猜测……人们对你的用心越多，失望就越大，对你的信任度便越来越低。

在现实生活中，许多初出茅庐的年轻人或者极度渴望拿下单子的生意人为了抓住稀缺的机会，都喜欢说下豪言壮语，夸大自己，让别人肯定自己的实力，生怕机会溜走。这都是可以理解的。但是，说服和取信他人之前，一定要实事求是。这是一条基本原则。如果没有一定的能力，还是不要轻易许下诺言得好。

如果你都不相信自己说的话，又怎么能奢求别人会相信呢？

有一家制药公司招聘销售经理，一位年轻人前来应聘。他对董事长说："我是生物制药专业的高才生，在这一行当摸爬滚打已经好多年了，不仅积累了大量的工作经验，还拥有很多的人脉。我万分希望加入咱们公司，在咱们公司大展宏图。也希望贵公司给予我一定的自主权。在我的带领下，咱们公司今年至少能拿下100万元的业务额。"董事长看他仪表堂堂，又信心百倍，十分高兴，以为自己遇到了一匹千里马，立刻任命他为地区销售经理。没想到的是，他并不像自己说得那么出色，业务开展得也不够理想，一年内仅完成了60万元的业务额。董事长大失所望，立刻撤销了他的经理职务。

第二年，又有一位年轻人前来应聘销售经理。这名年轻人很稳重，他告诉董事长："我大学毕业没有多久，不能说在这个行业有多少人脉和经验，但我愿意学习，更是真心热爱这个行业，希望您能给我一个机会。我会尽最大的努力。"董事长见他言语诚恳，作风踏实，心里十分喜欢，就同意让他先干一年试试，先长一长经验，看其表现再做安排。这一年，这名年轻人勤快又认真，一年内完成了50万元的业务额。董事长对他大加赞赏，并且提升他为地区经理。

一个完成了60万元的业务额，另一个仅完成了50万元的业务额，结局却是一个撤职一个提升，受到的待遇如此不同。这便是期望值不同造成的结果。在说服他人时，我们一定要根据实际情况，做出自己能兑现的保证。如果一味地炫耀自己，夸下了海口，却不能兑现和证明自己的实力，只会让人产生被欺骗的感觉。

相信自己说的理由，但更要相信自己

洛克菲勒曾说："自信是成功的第一要诀。一个人如果不自信，我很难相信他能做成什么事情。"在企图说服别人时，我们需要真诚待人，也需要脚踏实地，实事求是，但这并不代表在交谈中你就一定要低人一等。自信是每个人生来的权利，是你的底气。当你不够自信的时候，没有人会被你打动。就像洛克菲勒推崇的，自信是一个人成事的必备素质。只有你相信自己所说的理由，相信你自己，才有可能反过来去打动别人。

说服与被说服，是沟通中永恒的主题。在日常生活的聊天和商业对话中，说服都是一个主旋律。在这个过程中，平等和自信是你应该具有的两种态度。现实中，当有求于他人时，有的人经常先入为主地将自己置于卑微的地位。最明显的表现方式就是低声细语，没底气，害怕被拒绝。显然，这样的方式并不可取。

史密斯说："很多人在谈判中落得一个失败的下场，不是他能力不行，也不是他的公司实力不行，只是因为谈判者本人没有自信，自己的观点都没办法说服自己，也就注定了谈判的失败。"

所以，当我们需要通过说服他人的方式达成一定目的时，与其战战兢兢、口气卑微、满脸讨好地表达想法，倒不如鼓起勇气，大胆讲话，坦率直接地说出自己的意愿或者目的。语调平缓和低声下气，这是两种完全不同的表达方式。前者让人看到了信

心，后者传达的则是胆怯畏惧。即便你是求人帮忙，比如借钱，开口时也要有一条基本的原则——怀揣一颗强大的自信心去和对方开口，才有最大的成功概率。毕竟，只有你自己相信自己，别人才会相信你。

真诚胜过千言万语

我国著名的翻译家傅雷说：“一个人只要真诚，总能打动人的。即使人家一时不了解，日后便会了解的。我一生做事，总是第一坦白，第二坦白，第三还是坦白。绕圈子，躲躲闪闪，反易叫人疑心。你耍手段，倒不如光明正大，实话实说。只要态度诚恳，谦卑恭敬，无论如何人家不会对你怎么的。”

这表明，在说服的对话中，真诚的态度远远比舌绽莲花的语言技巧更有效。真诚也是聊天的组成部分。每个人都喜欢和与人为善、待人坦率的人交往，不喜欢那些虚伪的人。真诚，总是获得他人信赖的不二法门。

著名科学家爱因斯坦提出和创立相对论后，赢得科学界的普遍赞誉。许多人希望能够为他写传记或作画像。但爱因斯坦并不喜欢这些浮名，也不愿意成为他人赚钱的工具，拒绝了纷纷登门的大画家和记者。

最后，爱因斯坦却出乎预料地接受了一位名不见经传的小画家的请求，同意他为自己画一次像。事实是，爱因斯坦起初像往常一样拒绝了小画家：“不好意思，我不是很喜欢画画像，平日里时间也不充裕。”“爱因斯坦先生，我的家庭并不富裕，我真的很需要靠为您画像来赚取费用。”小画家十分真诚地说。

"哦，那就是另一回事了。"爱因斯坦看着这个孩子坦诚的表情，便改变了主意，决定帮助他。

你一定有过说假话的经历，每个人都有。也许那是善意的谎言，但是如果被别人知道以后他会是什么感受呢？特别是重要的对话中，即使善意的谎言也会有损于对话的效果。换一个角度思考你就能明白，如果被别人欺骗，无论对方出于什么目的，你的内心肯定是极不舒服的，可能久久不能释怀。

说服的目的不是驱使，更不是欺骗，而是互利共赢。爱因斯坦正是因为那名小画家说了实话——画画是为了赚一笔钱养活家人，才答应让他为自己画像。在我们的生活中，很多情况下人们为了达到自己的目的，取信于人，都喜欢说一些谎话。但真的假不了，假的也真不了。以假话取信于人，说服于人，本身就透露着一股不真诚，是无法让人信赖的。

说服是明了共同利益所在，并激起对方倾听的欲望

生活中离不开聊天，自然也就离不开一对一的说服。聊天时，我们时常会想说服他人，也时常会被他人说服。很多情况下，成功地说服了对方，人际关系会更为融洽，能够帮助你抓住更多的机遇。相反，如果总是不能顺利地说服别人，证明你的沟通能力不强，甚至人际关系不和谐，影响到生活和工作。

说服一个人的方式是多种多样的，没有教科书式的原则可以拿来套用。但需要特别指出的是，说服是一个在思想上慢慢浸润的心理过程。我们可以考虑用四个“为什么”的方式开启这个对话的进程：

★为什么要这样做?

★为什么该这样想?

★为什么会出现这样的情况?

★为什么能这样解决?

用简洁明了的四个问题，来尽快地激起对方想听下去的欲望。

寻求双方的共同利益

对此，我经常会对下属提起一则关于柠檬的经典故事：

两个人一起到超市购买柠檬，到了超市却发现，仅剩5个柠檬了。双方都非常想要这仅剩下的5个柠檬，谁都不肯让步。最后言语不和，双方大打出手，柠檬碎了一地，还把警察招来，闹得十分不愉快。

后来，两个人冷静下来进行了一番交谈。一个人希望购买柠檬做柠檬水，另外一个购买柠檬做柠檬酱。也就是说，一个人只需要柠檬的皮，另一个人只需要柠檬的果肉，如果双方早能了解彼此的想法，进行合理的交换，也就不必吵架了。

在现实生活中，每个人的立场观点和想法追求都不相同。因此，在交谈的过程中，先要了解对方所要追求的利益，明白对方为什么会这样做，为什么会这样想，思考清楚对方拒绝你的理由和支持你的条件，从而有的放矢地进行沟通，让对方心悦诚服地接受你的条件。这一点是非常重要的。

让他人看到可得利益

在生活和工作中，几乎没有人能够全凭一己之力行事，没有谁能一个人改变全世界。因而，我们必须学会说服他人对你施以援手，形成团队的力量。尤其是在遭到对方的拒绝时，我们要做的不是无奈地放弃，而是找出对他有利的事情——让对方看到可得利益，使得大家都有收益。充分地利用互惠心理，就会降低在沟通中遭到拒绝的概率，让对方能够接受你的请求。

已经去世的苹果公司前任总裁史蒂夫·乔布斯早在1977年便意识到个人使用的电脑将会有广泛的市场价值。虽然当时个人电脑的概念并不流行，但这将是一个极具潜力的事业。于是，他同沃兹尼亚克共同创建了“苹果电脑公司”，打算生产带有鼠标的个人电脑。但是，尽管发现市场对此有着巨大的需求，客户量是很可观的，乔布斯和沃兹尼亚克却苦于没有启动资金。这该如何是好呢？

乔布斯没有因为这种困境自乱阵脚。他向消费者进行大范围的问卷调查，调查了解消费者心理，并筛选出了一部分“专业消费者”。这群“专业消费者”便是对个人电脑有着强烈的工作需求的群体——他们急切地渴望个人电脑问世，也急需个人电脑为他们解决问题。乔布斯决定从这些“专业消费者”开始自己的推广，先劝他们支付押金订购个人电脑，然后利用这些消费者的押金购买设备进行生产。

随后，乔布斯向零件供应商们说明情况，说服他们先免费向他提供生产个人电脑的原材料，待产品彻底销售后再付款，条件就是以后苹果公司的原材料他们可以优先参与谈判。就这样，乔布斯一个个地攻克各个环节，最终成功开始了第一代苹果个人电脑的生产。

在整个过程中，乔布斯完成了一个看似不可能完成的任务。他是怎么做到让消费者先缴纳订金，让供应商先免费提供原材料的呢？这是因为乔布斯深谙人心：消费者为什么要这样做？这样做会带来哪些好处？因为他们急需个人电脑帮助自己工作。同时，他不断地向消费者强调——他们可以获得优先拥有个人电脑的机会。供应商为什么能先免费提供原材料？这样做有怎样的好处？乔布斯掌握了供应商的心理，不断地向供应商强调——他们可以获得与苹果公司优先洽谈合作的权利，这让供应商看到了未来的巨大红利。因此，乔布斯才能逐一说服客户和供应商。

无论是在生活中还是工作中，不管是公司还是个人，都尊崇以结果和利益为导向的做事原则。乔布斯也正是深知这一点才取得了成功。要想说服别人，不需要你有多么丰富的知识，也不需要你多么会说话。最重要的是紧紧地抓住对方的内心需求，准确地掌握对方的心理。每个人的心理都是复杂多变的，有时难以掌控。不同的人谈论同一件事都会产生不一样的情绪变化和看法，但需求却是看得见的，容易掌控的。在说服的过程中，只有掌握对方的心理和实际的需求，才能够击中要害，达成合作。

Chapter 2

以己之感，体人之心

聊天不是自己一个人的独角戏

聊天的基础是沟通，你一言我一语才是有沟通的交流，彼此交流才能增加了解和产生感情。一次成功的聊天，如同一场高质量的接力赛，聊天中的每个人都是接力赛中重要的一环。我们不仅要做好接棒员，还要在交棒时不出差错。当棒握在自己手中时，要全力以赴地向前冲刺。当棒交到他人手上时，要真心实意地给予鼓励。

若你把聊天变成了自己一个人的独角戏，就算你把自己的故事讲得绘声绘色，手舞足蹈，把自己感动得泪流满面，也不见得有人愿意为你叫好。因为别人未必对你的故事这么感兴趣。所以，一个真正的聊天高手，不仅讲自己的故事，更多的时候，应该站在对方的角度，讲述他们的故事。这样人们才愿意听。

不考虑别人感受的聊天，不是“好聊天”

恺撒大帝由于无法忍受其妻子终日的喋喋不休，故费尽心思地和她离婚。大哲学家苏格拉底说得出警醒世人的格言，却辩不过以自我为中心的妻子，只能远远避开，躲到雅典的树下沉思哲理。俄国大文豪托尔斯泰宁愿在其82岁高龄时放弃富裕生活离家出走，也不愿意继续忍受妻子话多的折磨，甚至在行将就木之时，也不愿回家，只为了让自己安静地离开人世。

这些人未必惧怕妻子这个人，怕的更多的是妻子和自己的交流方式。就像有人这样抱怨的：“每当妻子让我坐到沙发上，为我端上一杯茶时，我就知道接下来要听她唠叨30分钟的负面情绪。全是她怎么想的，从来不会站在我的角度讲一讲那些事情。”这个人有一位“热爱表达”的妻子，却不胜其烦。

一个人热爱表达，固然没有错。但更为重要的是，我们应该学会适当地表达，而不是肆无忌惮地唾沫横飞，在两个人的对话中只讲自己的故事，倾诉自己的心情。

聊天时若只聊自己想说的，不给别人说话的机会，对别人的工作和生活视若无睹，也不考虑别人的感受，别人难免就会对你心生不满。

小琳和她的朋友小丽本是形影不离的闺密。她们一同上课，一同逛街，一同旅游。大学毕业后，由于工作原因，小琳必须经常到外地工作。但她们会利用网络聊天，偶尔也通电话。原本女孩子间互相谈谈自己的情感生活是一件有意思的事，但小丽每次上网聊天时都会仔细地讲述最近工作中有什么问题，又交了几个男朋友，并哭诉分手的伤心事后，便跟小琳说我很忙，就急忙下线了。

小琳万般无奈，毕竟自己也有事希望和好朋友分享。她不止一次地向其他朋友抱怨：“小丽每次都自顾自地说完自己的事就跑了。她只说不听，也不给机会让我说点儿什么。真是一点儿都不关心我！”久而久之，小琳就不愿意再找小丽聊天。再过了几个月，两个人的感情就从闺密变成了路人。

在亲近的朋友之间，聊天是一件格外敏感的事。因为亲近，反而极容易忽视对方的心情。你什么时候打电话都用一副腔调高谈阔论，讲述你自己的故事，对方碍于情面也不好意思说什么。虽然都是熟人，但不满就是不满。一个人可以压抑，也可以伪装，但那只是素养的体现，这并不代表他对此不介意。

相反，这种对于沟通方式的不满是每个人绕不过去的无形存在。他会觉得你不是一个好的聊天对象，甚至不是一个称职的朋友。当一个人心里埋下不满的种子时，不见得会对所有人都透露出去，但并不代表你可以忽略掉他的这种情绪。因为种子一旦埋下，就会发芽，长大。所以一个懂得聊天的人，绝不会自顾自地夸夸其谈，而不顾及对方的情绪。

过度沉浸于自己的故事，只会令他人疏远自己

香港经典电影《大话西游》中的唐僧说话让人听着心烦，原因就是他不停地讲述自己的想法，而从来不会考虑别人愿不愿意听。他最常说的一句话就是：

你想要啊？你想要的话你就说嘛。你不说我怎么知道你想要呢。你想要的话我会给你的。你想要我怎么可能不给你呢？不可能你想要我不给你，你不想要我却偏给你……

同样的意思唐僧一遍一遍地说，别人不需要的东西他还是坚持不停地说，简直让人无法插嘴。遇到这样的聊天对象，连插嘴都插不上，难怪至尊宝要使用暴力狠狠地修理他。在现实中，一个最讨厌的聊天对象就是这样的。

海归人士小路一直在找工作，几经波折，去过世界500强，也进过稳定的事业单位，最后经人推荐进了一家规模较小的贸易

公司，准备大干一场。由于有留学经历的优势，他深受部门领导的器重，因此自信心也有了前所未有的膨胀。

工作的闲暇之余，他有事没事就和同事们讲述自己昔日在外企工作的经历——在通用电气，在波音公司，他都是部门骨干。如今，因为自己的留学经历又是多么受到领导的重视，自己的作用对公司多么重要等。另外，他也不止一次地炫耀自己在国外的见闻。在平常的工作沟通中，他总是时不时地夹杂英语和同事交流，甚至和朋友打电话也要故意用英语聊天。几乎没有一次交流不是对自己的经历进行炫耀的。

他的工作能力自然没得说，是产品技术专家，还有很强的业务规划能力。起初，领导和同事对他十分仰仗和尊重。但久而久之，同事们对他过分的自满感到厌烦，开始逐渐远离他。单位的领导渐渐也认为他不过只是外语水平高，在其他方面还需要向老员工学习，比如人际交流。他的所作所为很容易影响同事之间的关系，屡次夸大以前公司的待遇条件，也让领导对他心生间隙。为此，领导旁敲侧击地跟他讲，希望他不要影响办公室的工作气氛，与同事保持融洽的关系。

这时，同事和领导对他的不满让他逐渐意识到了自己的问题。他这才发现自己在公司里已经“臭名远扬”了。他后悔地说：“一味地图嘴快活或为了享受别人欣赏的眼光，而过分地夸赞自己的经历，我不仅伤害到了别人的自尊心，还让我的人际关系出现了问题。”

他的教训告诉我们，聊天时不能只图自己乐呵，更要顾及对方的需求。否则，你将因为口无遮拦和“一言堂”式的兀自唠叨付出不必要的代价。

“一言堂”式的聊天不能要，要给对方表达的机会

那么，怎样才能让聊天不成为你自己的“一言堂”呢？下面几点在聊天时你应该多加注意：

1. 不要一味地考虑自己，也鼓励对方说一说

聊天是两个人的事，所以刻意也好，无意也罢，我们都应注意了解对方的情况，并且是积极主动地了解。比如工作如何，学业怎样？恋情进展中有什么甜蜜的细节和迷茫的烦恼？有什么需要出谋划策的问题？有没有值得骄傲的经历？鼓励对方也说一说，这样能大幅度地增进彼此的沟通交流。

即便我们不了解对方的情况，也应在适当的情况下问问对方：从事什么职业，是哪里人，喜欢吃什么，平日里有哪些爱好，等等。绝大多数人都能接受这种问题，还能产生一种受到重视的感觉。鼓励对方介绍和讲述自己的经历，既能增进好感，也增加了进一步深入了解的可能性。

2. 再内向的人也渴望被倾听，要给别人一个倾诉的机会

聊天不是演讲，当然不是一个人滔滔不绝的艺术。在社交场合中与人聊天，不仅需要你健谈，更需要让别人也打开他们的话匣子。

世界著名记者麦凯逊说：“不肯留神去听别人说话，是不受人欢迎的第一表现。”每个人都有发表自己想法的欲望。如果几个人坐在一起，其中A说个不停，难免会让其他的人嘴里痒痒。

在对话中，每个参与者都是很重要的成员，都要参与到交流

中，不然怎么能形成有效的沟通呢？在很多时候，倾诉者进行倾诉的目的就是抒发他内心的想法，或许他们并没有更多的目的，也并不需要你给予任何建议——你只需要做好聆听就可以了。唯有尽可能多地给他人说话的机会，才会更加了解对方。要知道，每个人都是一个领域内的专家，知道很多你所不知道的事情。多听别人说，你所了解和懂得的知识也会更多。

3. 不要随便打断别人的讲话

在他人说话时随意地打断或者抢话，是十分无礼和冒犯的表现。但在日常生活中我们很可能经常遇到这样的人，他们只热衷于交谈，并不善于倾听。在别人阐述自己的想法时，他们总会打断别人，急不可耐地插话进来，高谈阔论地阐述他的观点。

随便打断别人的讲话，是一种以自我为中心的聊天方式。常打断别人讲话的人很难不让人心烦。久而久之，大家都不愿与其交流，他也就成了聊天的杀手。因此，在任何时候都不要随便打断别人的讲话——哪怕他是在诽谤你，也要先听他讲完，再有理有据地逐条进行反驳。

把对方装在心里，说出的话才有温度

没有哪个人的生活是可以生来一片坦途，总有些挫折与不如意。也没有人能够从不失望，从不失败。马云这样的社会精英也不例外。从这个角度讲，每个人都有需要安慰的时候。

面对一个伤心的人，我们通常的做法是：讲一大堆的好话，让事情听起来不需要那么悲观。但是，讲套话的结果往往不尽如人意，因为你刚一开口，他可能就意识到你怎么说了。安慰人是每个人都会遇到的事，但懂得如何安慰别人的人却并不多。安慰要讲究正确的方法，倘若安慰没有技巧，你说的话就会取得相反的效果，会把被安慰的对象搞得更加伤心。

网上有句话说得好：要安慰，就请走心！走心是一种态度，也是一个需要学习的技巧。要明白对方最需要的是什么，我们的安慰才能收到积极的效果。

不把对方装进心里的安慰，反而会造成更大的伤害

所谓把对方装在心里，简单来说，就是要具有同理心，能与他感同身受。或许他的问题在你眼中都不算是一个问题，但对他来讲却是一地鸡毛，是不好收场的一个问题。这反映了人与人的抵抗压力、解决问题的能力是有差别的。在这种情况下，你要做的不是嘲笑、轻视，而是置身于对方的处境，用心体会对方的

感受。

坦率地讲，现实中有些人的安慰就像是表演，只是为了表达“我在乎你”“你伤心的时候我在现场”，有没有给对方贴心的抚慰，这就不好说了。有时错误的安慰，往往是因为没有共情，把别人的苦恼看得不以为然，才会让别人觉得你说的话没有温度，甚至起到了相反的效果。

如果你向朋友讲述工作上的不如意，朋友淡淡地回复：“谁的工作都有不如意。”如果你向朋友述说被人误解的委屈，朋友冷静地表示：“谁活着还能不受点儿委屈呀？”如果你向朋友抱怨投资失败，朋友豁达地表示：“投资嘛！有输有赢很正常。”你将做何感想？我们不能说朋友讲得不对，但就是没有说到你的心里去。这种安慰看似正确，实则容易起到逆反的作用，让被安慰者从对自己境遇的伤心又变为对朋友的愤怒——你会觉得他在嘲讽你的抗压能力。换成别人，他们也会这么想。

蔡康永在《说话之道》中写道：“我懂你的苦，我懂你的委屈。”在书中写写可以，但在现实中，这种话我认为实在不能起到良好的安慰作用。很多人也有这种问题。当朋友向你倾诉烦恼时，你会说：“我也曾经这样过，我也经历过这样悲惨的事。你的伤心，我能体会……”然后，你巴拉巴拉地讲上一大通。说者一脸正经，听者却觉得：“你是在炫耀自己走出了这段经历吧？”“你是在暗示我应该向你学习吗？”

实际上，当伤痛来临或愤怒非常巨大的时候，人们真正想要的绝不是“我懂你的苦，我懂你的委屈”这种话。每个人的生长环境和心理承受能力不同，你不可能完全与他人感同身受。

同时，“比惨”也不是合格的安慰。当你抒发伤感时，可能会遇到这样的人——比如前面提到的，他总是告诉你：“你这不算什么，我也经历过。而且，我当时可比你惨多啦！”就算他自己没有相关的经历，也会弄来一段别人的经历，强调“很多人都比你惨”这一点。比如说，你的手在切菜时划了一道口子，你的朋友安慰说，今天他还看到一个没有手的人。你会怎么想呢？是不是很无语？这本不是什么大事，却可能被他暗示成了很严重的问题。

“比惨”的安慰其实就是在告诉倾诉者——你之所以觉得不开心，就是你自己的错，你自己是弱者才会有这些情绪。

有些话听着有道理，但并不适合说出来。因为它不仅无法排解他人心中的苦闷，还有可能造成更大的伤害，让被安慰者觉得你这个人毫不贴心，从而使两个人心生间隙。

安慰中最糟糕的事情就是贸然替对方拿主意

王飞与小津在同一个单位里工作，他经常看到年纪轻轻的小津整天唉声叹气，工作没有精力，好像在混日子。王飞就过去劝慰他说：“我想不通为什么你年纪轻轻就学林黛玉，这么无精打采的！”王飞还要求这个年轻人每天要笑一笑，不要消极度日，年纪尚轻的好时候就应该充满朝气。

过了几天王飞才知道，小津是中度抑郁。因为最后一位亲人刚刚离世，他正处于人生最绝望的关口。

世界上最了解一个人的，永远是他本人。我们眼中所看到的对方永远是局部的。针不扎在自己身上，你就不知道有多疼。因此，你自以为有些事情是对方最好的选择，却未必是他想要和需要的。

朋友向你抱怨老婆总爱花钱，可能只是发一发牢骚。你回了一句：“这样的老婆，不行就离吧！”却不知道他白手起家时得益于其妻子没日没夜地帮忙奔走。

晚辈向你讲述准备考研的种种辛苦，你回了一句：“研究生遍地都是，不行就别考了！”却不知道这位晚辈从上大学就在为考研做准备，一直有一个名校梦。

不了解对方，随意替他人拿主意，不仅有失分寸，有时还会让对方觉得你十分不理解他。也许我们会想当然地认为，既然对方向我来寻求安慰，那么我就有义务为对方提出解决办法。殊不知，每一个被烦恼折磨的人，在寻求安慰之前，都是经历过尝试和探索的。很多时候他们需要的不是一个解决问题的办法，而是一次深有同感的理解。这样的理解能帮他们缓解内心的压力。

任何事情的发生，都是有一定原因的。所以我们不要做事后的诸葛亮，以此来显示自己的英明，埋怨或数落对方的失策。比起盲目地替对方拿主意，不如认真地倾听对方的无奈，了解对方的经历，让他感受到能够被倾听、被读懂和被认可，这才算是一种有益的安慰。

真正的安慰需要走心的语言和行动并用

安慰一个人，需要走心，设身处地为他着想。有些情绪，我们可以用陪伴、用倾听、用语言的宽慰来进行安抚。还有些情况，却需要用具体的行动来给予支持。他为什么而难过？他在忧虑什么？有些事情可能是他解决不了的，这时就需要你站出来，采用有力的行动，帮他渡过难关。

如果朋友被开水烫伤了，这样的语言安慰让人心宽：“天呀！这一定很疼吧！我看着都心疼了！”但如果你能为他买来一个专门治疗烫伤的药膏，就会更加贴心。

朋友刚刚失业，十分焦躁，你开导和安慰他的同时，也可以尽己所能，为他找来近期网上发布的求职信息，协助他获得新的工作机会。

这就是走心。把对方装在心里，不仅靠一厢情愿、一腔真诚去跟对方交流，而是语言和行动并用，成为他坚实的后盾。这样的安慰，才是最有价值的。

真诚地关注他人的需求，给予中肯的支持

每个人在与他人进行沟通时，不管是一对一的沟通还是团队的交流，都渴望掌握一定的话语权，让自己成为主导，让其他人跟着自己的思路走。这源于人的天性。但这么做的结果并不一定有利，因为一味地让他人紧跟你的思路，就无法明白对方真正的想法，也就很难在交流中让彼此的信息自由地不受阻碍地传递。

与人相处和聊天，最重要的是尊重对方，不以自我为中心，摒弃“我”的观念，关注对方的需求，支持对方的立场。毕竟你的世界，也需要别人来点缀，而不是孤芳自赏。

根据他人的需求建设性地聊天，可以创造愉快

露丝离开公司在华盛顿的培训中心后，来到北京在市中心开了一家服装店，请来甲、乙两位年龄、学历都相仿的姑娘打下手。时间久了，露丝发现，比起姑娘乙，更多的顾客喜欢姑娘甲。有时，姑娘乙的销售额连甲的一半都达不到。同样是同期入职的店员，她们为什么会有这么大的差距呢？

露丝和一些顾客进行了沟通，然后才知道缘由。作为高档小区附近的服装店，回头客十分重要。没有回头客，店员的销售业

绩就只能指望新客源，很难有大的提升。顾客们反映说，他们每次和甲在一起聊天，由甲当导购时，都会感动于她的细心周到，有一种被重视的感觉。

甲并没有执着于将衣服卖出去赚取丰厚的提成，而是热心地记下每一位顾客的名字，了解她们喜欢哪一种风格的衣服，并且根据顾客的想法提出一些合理可行的建议。身材有些臃肿的顾客，她会不厌其烦地帮忙试衣服。每次店里进了新的职业装，她都会主动打电话给那些公司白领和喜欢职业装的顾客。

露丝也发现，自己每次和姑娘甲聊天时也有十分舒适的体验，这是一个擅长聊天的女孩。因为她总是非常注意沟通者的感受。她也并不是一味地阿谀奉承，而是在了解对方习惯的基础上，关注他们的需求。比如对露丝，在换季前她会拿出时装杂志提醒露丝近期将流行的款式。虽然她的一些意见不见得都是可行的，但她尽心尽力，主动跟露丝沟通，为店铺着想，让露丝有一种相见恨晚、遇见知音的感觉。

姑娘乙在沟通方面却是另一种截然不同的风格。人们由她导购挑选服装时，总有一种被强迫的感觉，仿佛看了一圈不买就是极大的罪恶。比如，因为阔腿裤的提成较高，她也不管顾客是否心仪这种衣服，总是向每一名来店的顾客竭尽所能地宣传阔腿裤的优点，推荐她们购买。心情好时，也会和顾客聊上几句其他的，但她的话题总是绕不开自己，是一个不懂得体贴顾客的女孩。

每个人都把自己的事看得很重要。当你秉承为他人着想的心态参与到沟通中时，对方才能感觉到你的善意，也才愿意与你相处。无论在何种情境的聊天中，这都是一个需要我们遵守的原则——抓住对方的需求，进行建设性的聊天，方能给人们留下良好的印象。

关注他人的需求，收获对方的欣赏

无论你的生长环境、社会地位、学识、外貌是怎样的，只要你懂得站在他人的角度，心怀真诚地关注他人的需求，就一定能收获人们的欣赏。这要求我们理解和支持别人的立场，并想方设法为他们出谋划策，这样才能赢得他们的认可。

1915年，小洛克菲勒还是科罗拉多州一个不起眼的人物。他自己还未能富可敌国。当时高速发展的美国工厂与工人矛盾不断，并发生了美国工业史上最激烈的罢工，持续长达两年。

无比愤怒的矿工坚持要求科罗拉多燃料钢铁公司提高薪水，从而改善他们的生活。小洛克菲勒此时正负责管理这家公司。由于群情激愤，公司时刻有破产的风险。政府派出的军队前来镇压，使得企业与工人的冲突更加恶化，造成了大范围的流血事件。不少罢工工人惨遭射杀，民怨已成沸腾之势。小洛克菲勒此时却用一段动情的演讲稳住了矿工的情绪，让罢工者的信服。他到底是如何做到的呢？

小洛克菲勒先是拿出几个星期的时间去结交矿工朋友，充分了解矿工面临的问题和要求，并站在矿工的角度，向罢工者代表发表了一次充满真情的演说。这是一次传奇的演讲。它解决了美国政府当时最为头疼的问题，更为他自己赢得无数赞扬。

演说的内容是这样的：

这是我一生当中最值得纪念的日子，因为这是我第一次有幸能和这家大公司的员工代表见面，还有公司行政人员和管理人员。

我可以告诉你们，我很高兴站在这里，有生之年都不会忘记这次聚会。假如这次聚会提早两个星期举行，那么对你们来说，我只是个陌生人，我也只认得少数几张面孔。上个星期以来，我有机会拜访整个南区矿场的营地，私下和大部分代表交谈过。我拜访过你们的家庭，与你们的家人见过面，因而现在我不算是陌生人，可以说是朋友了。基于这份互助的友谊，我很高兴有这个机会和大家讨论我们的共同利益，满足我们共同的权益。

由于这个会议是由资方和劳工代表组成，承蒙你们的好意，我得以坐在这里。虽然我并非股东或劳工，但我深深地感觉到与你们关系密切。从某种意义上说，我也代表了资方和劳工。我渴望从劳工的角度解决问题……

这是多么真诚的话语，小洛克菲勒最终表达出了矿工们心中最真实的想法，获得了矿工的认可，成功地解决了这次矛盾冲突。

假如小洛克菲勒采用的是另一种方法——他强硬地阐明自己的要求和观点，誓要与矿工们争个高下，又或者完全不考虑矿工的感受，偏执地认为他们蛮横不讲理，指责一切悲剧都是他们自己的过失，用各种理由证明矿工的“错误”。你想一想结果会如何呢？恐怕只会让问题进一步扩大，招来更多的怨愤和暴行，甚至可能蔓延到全国。

全球知名的寿险推销大师埃尔默·莱特曼说：“你明天要遇见的人，有3/4是渴望被认可或者被体谅的。给他们认可或体谅，他们即刻就会喜欢你。”的确，同情对方的处境，或者认可对方的想法，都会迅速地拉近彼此的距离。不论对方是陌生人，还是你的敌人，这都是有效的做法，可以向对方传递温暖，释放自己的善意。

被冷水浇过的聊天很尴尬

“最近有一家西餐厅特别火，大家都想去。咱们约这周末一同去吃西餐怎么样？”你兴高采烈地打电话向朋友发出邀请。

“啊，西餐呀！没意思，我不吃！”如果朋友干脆利落地直接这样回答，对于电话这头的你来说，是不是很尴尬？

这便是一种否定式聊天。毫无台阶，没有任何商量余地的表达方式，就像一桶索然无味的冷水，将你原本兴高采烈的心情，浇了一个冰凉。这种沟通很不友好。遗憾的是，在我们的生活中，这种沟通却很普遍地存在。

否定式的聊天，最让人扫兴

其实，朋友这样讲话，是完全将自己的想法放在最为重要的位置上。以自己的需求为中心，每个人都是这样的，并没有太大的错误。但问题在于，其他人都表达了对于这间西餐馆的喜爱，计划一同前往，他的一句“没意思，我不吃”却在此时表露了一种难言的不悦和强烈的抵制。为了顾及这位朋友不想吃西餐的习惯，要么就只能改订别的餐厅并一一去通知别人，要么就是生气地表示：“那你别来了，我们去吃，就当我没有问过你。”

你的这位朋友完全可以采用另一种方法解决这个问题，还不必强迫自己吃那些不喜欢的西餐。他可以说：“哇，我也很想和大家聚一聚。不过，我对西餐不太喜欢。我先去别的地方填一填肚子，晚一点儿到。咱们到时候好好聊一聊最近的生活。”又或者说：“大家有没有什么其他想吃的？我不是很喜欢西餐。我来为大家订一家新餐馆怎么样？味道同样很棒！”

你看，不使用否定式的聊天来表达观点，给出其他的选项，有没有一种人情味瞬间提升的感觉？整个人都会变得讨人喜欢起来。对于这次聚餐活动的组织者——你来说，这也是一个非常不错的交代。那么，下次再有类似的活动时，你仍然会有兴趣给他打电话。

不要一味地否定对方，或者想把对方比下去

不久前，赵行参加一场高中同学聚会，和昔日的一位明星校友吃饭闲聊。在同学们的印象中，这位校友智商超群，高大英俊，学生时代是无数人的偶像，不仅长期霸占着专业的第一名，各种奖项也拿了不少。但很奇怪的是，毕业多年至今，他并未延续自己在学生时代的优秀，人生似乎走了一条下坠的抛物线，至今仍然在一个小单位做着朝不保夕的工作，还与结发妻子离了婚。反观同期的很多同学，已经在各个行业取得骄人的成就了。

不过，这顿饭吃完，赵行就大概判断出来为什么他会沦落到这种地步。原因不在于他的能力，而在于他的个性，尤其在沟通方面的性格缺陷，让他一开口就成为一个不讨喜的人。

席间，人们讨论到近几年火爆的自媒体，他立马质疑：“不就是做垃圾营销号吗？都是‘抄袭狗’，歪门邪道，不务正业。”聊起互联网商业，他不屑一顾：“就是一时的红利，完全

不用动头脑，未来潮水退下，全是光屁股的。”一位同学正从事房地产，他立马打击一番：“哦，等政府出台政策，房价就得下跌啦！”

赵行心中暗想，他没看到那些做新媒体的人，是怎么花费心力去搜集素材，去了解用户需求；他也没有认真思考过互联网经营模式，是怎样去整合营销资源，怎么一步步地从小做起；他更没有了解中国房产业的供求关系，只是一味否定和一味反对。人们这顿饭吃得一言难尽，都不愿和他交谈，互相之间说话也很少，生怕哪句话刺激到他，又招来他的一顿大棒。

没有人喜欢和那些愤世嫉俗的人沟通，也没有人愿意跟那些一张嘴就否定你的人聊天。这类人是社交场所的毒药，会让任何一种对话都死在前两句。如果你心怀着对他人的欣赏和尊重，一定能赢得他人的好感。反之，目中无人，自命不凡，一味地否定他人，不仅很难得到别人的认同，朋友也会离你越来越远。

我们平常说话和做事都要吸取这个教训。说话时一味地使用否定式，盛气凌人地将自己想象成上帝，以教育者和救世主姿态自居的人，是无法和别人交心并赢得人们尊重的。否定式的聊天无法满足人们彼此交流的需要，更别说展开深入合作，并且取得积极成就了。

一位老师经常会在课堂上让我们组队来一场辩论赛。年轻气盛的学生都是争强好胜的，每次都像斗兽场里的斗牛一般精神亢奋，彼此争得面红耳赤，引经据典，互不服输。面对同学们的争论，这位老师讲了一句话，至今仍让人记忆犹新：“人世间许多事无关对错，也辩不出对错，从来就没有统一的标准和答案。没有人是永远正确的。这个世界的可爱之处，其实就是因为它的多样性。”所以，你在与人交流时别盲目地否定别人的任何话和任何事。

“你的想法是极大的错误。你怎么能这么做呢？你这样做一定成功不了……”

“不不不，你就别坚持你自己的想法了。根本行不通！”

像上面这种沟通的句式，对于交谈的杀伤力是巨大的。但现实中的事情每时每刻都是在变化着的，很多事情根本分不清对错。没有哪个人的看法是绝对正确的。更何况，你凭什么就认为自己一定是目光聪慧，而对方就一定是大错特错呢？

记住：真正的成功者，从来不会通过否定他人来凸显自己的优秀。

换个角度，否定的想法也可以选用肯定式的词语来表达

在沟通的过程中，即便你特别想反对和批评对方的意见，也可以反话正说，将否定的想法用肯定的语气表达出来。多使用正面字眼，会让别人更容易接受。

重要的是，聊天时不要在一开始就否定对方，也不要先从反对的意见说起。这不是在建设好的气氛，而是在搞破坏。聊天开始时，不要说“不”“但是”，要先适当地表示肯定、同意。比如说，在聊天的前5分钟，不要过分在意自己的喜好，而把深入探讨的窗口堵死。

打个比方，两个人在一起聊天。如果对方提及的电影是他最喜欢的明星主演的，但是你并不感兴趣。如果你这样回答对方：

“这部电影真是烂，演员没有演技不说，还没有什么值得回味的内容。”那么，这个天就聊不下去了，他一定会对你心生不满。但如果你说：“这部电影很好，如果配角再提高一下演技，编剧再丰富一下内容，一定可以更好。”这样就能让对方敞开心扉。有了一个好的氛围，你再提出其他看法，对方就比较容易接受。这将会是一次愉快的聊天。

记住，语言的选择总是会影响一个人的心情，许多对话不欢而散，都是因为用词不当。与别人的交流中，如果你一味地否定对方，说一些否定式的词语，不给对方阐述想法的机会，即便你的主张是正确的，也会让对方产生极大的反感，不愿意接受你的评判，甚至拒绝与你沟通。这时，你应该做的是尝试着先用正面的字词表达对他的肯定。有了一个良好的开始，沟通才能深入下去。

赞美要做到恰到好处

古时候有这样一个笑话，说的是有两个学生要到外地做官。临行之前，他们特地去谒拜老师，询问做官的诀窍。老师说：“现在这个世道说实话是不行的。碰到人就给他戴一顶‘高帽子’，做到这一点这就行了。”其中一位学生赶忙附和道：“老师的话千真万确。今天像老师您这样不喜欢戴‘高帽子’的，世间又有几人呢？”老师听后特别高兴，直夸这位学生一定有出息。出了门，这位学生对另一位学生说：“你瞧，‘高帽子’已经送出去了一顶。”

这个笑话自然不是实有其事。不过，它也说明了这样的一个事实：凡是人，或多或少都有一种愿听好话的习惯，并不反对别人给自己戴一顶“高帽子”。

懂得赞美他人是一个人最优秀的品质之一。可以这么说，不知道如何赞美，就不懂得聊天。每个人都渴望被人赞美，希望从别人那里收到足够的欣赏与尊重。当我们从别人的口中听到对自己的赞美时，自信心和满足感都会得到极大的提升，就像打了一针肾上腺素，进而对赞美者产生一定的好感，拉近双方的距离。

喜欢受到赞美，这是人的天性。所以，虽然当下人们讨厌那些没有底线的溜须拍马和浮夸的奉承，但每个人仍希望能够得到他人发自内心的肯定。不会有人把真诚的赞美拒之门外。

赞美的力量永远不可估量

卡耐基曾经说过：“当我们想改变别人时，为什么不用赞美来代替责备呢？虽然别人只有一点点的微不足道的进步，我们也应该赞美他。因为，那才能激励别人不断地改进自己。”他在《人性的弱点》一书中将“真诚地表达对他人的赞美”称为与人相处的最大秘密。毕竟，从人性的角度讲，人人都需要赞美。赞美也是优质聊天的敲门砖。

想想看，你的身边是不是有这样一类人？如沐春风的他们总是能带给你一种欣喜的、自信的、感激的、让你无比亲近的愉快。而这种愉快，或许就源于他们愿意真诚地、发自内心地赞美你，使你如同处于春风拂面、风景怡人的花园之中，会对与他的交谈充满期待。

美国钢铁大王卡内基曾经挑选史考伯作为集团第一任总裁，并为他支付超过百万的年薪。在史考伯的带领下，公司蒸蒸日上。史考伯相信“期待效应”，认为赞赏是第一生产力。只有尽可能地赞赏员工，员工才会感觉被重视。他们会因为受到管理者的鼓舞，而发挥他们自己最大的潜能。赞赏，就是管理者对于员工的期待，在对员工的激励方面，甚至比金钱还有效。

史考伯坦诚道：“实际上，我是钢铁知识的门外汉。我最引以为傲的资本，便是能充分地鼓舞我手下的每名员工。而鼓舞员工，让员工发挥最大潜能的有效方法，莫过于真诚地赞美和鼓励。”

莎士比亚也说过：“人们的耳朵不能容纳忠言，但是赞美却容易进去。”赞美是世界上最具魔力的语言，也是拉近人与人距离的有效手段。在聊天时，如果你知道何时奉上自己的赞美，无疑就把握了聊天的主动权。

赞美需发自内心，而不是浮夸地奉承

芳华是一位销售总监。她曾经有一名下属特别喜欢说话，话匣子一旦打开就收不住。芳华热衷时尚，又善于搭配衣服，稍一动手就变出很多新的搭配。而这位绰号“话匣子”的下属却是芳华的烦恼之一。因为每天早晨她一到公司，“话匣子”的眼睛就开始盯着她转：“哎呀！领导，您又买新衣服啦！真是太适合您啦！一看就特别的高档，颜色也很适合您。您说，您怎么这么会打扮？我真是太羡慕啦！”

过几天，芳华换了另一套衣服到公司。这名下属又开始了：“瞧瞧，领导您又换了一套呀！我就不像您那么会打扮……”

芳华被她唾沫横飞、眉飞色舞的奉承搞得心情不爽，十分烦恼，只好十分无奈地表示：“没有没有，我就是这么随便搭配了一下。以后你不要盯着我的衣服，还是把工作做好吧。”

在这名大嘴巴下属的传播下，全公司的员工都以为芳华是一个购物狂上司，觉得她一定每天都去逛商场，大把大把地买衣服。芳华苦笑着对朋友说：“我当然想听好话，但这个人的嘴巴实在是甜得太过分了，谁都消受不了。”

由此可见，赞美不等于无原则的阿谀奉承。赞美需要从心出发，以真诚对人。盲目和肉麻的赞美有明显的拍马屁之嫌，尤其当着众人之面时，是很难让人接受的。

并且，一味地奉承不是发自内心地对另一个人的欣赏和钦佩，而是基于功利的讨好、投机的目的，是一种对别人献媚式的殷勤。奉承者在“赞美”别人的情况下，虽然表面上语言优美，说尽了好话，可他们的内心并不是这么认为的。口是心非，就是这种赞美方式的最大问题。

成功的赞美在于能够把握分寸

赞美简单却也复杂。要真正地掌握赞美他人的技术，需要我们在日常生活和工作的交流中多思考，多总结。只有这样，才能够准确、恰当地运用赞美达到我们与别人沟通的目的。在这其中，分寸二字尤其需要注意。

1. 赞美的言辞要使人乐于接受和相信

这一条是说我们的赞美得符合实际情况，至少不能偏离事实太多。比如，对个子矮的人不要随便赞美他身材挺拔，对口音较重、嗓子不好的人不要赞美她嗓音甜美。如果让人们觉得你言过其实，他们会觉得这不是夸奖，而是嘲弄。

2. 赞美时具体说明，有时会更加有效

打个比方，你赞美一位领导讲话生动有趣，与其说：“领导你真是有趣！”不如说：“领导，你在开会时讲的那个故事很有意思，既好笑又有深度，真让人难忘……”这时，他的脑海中就会马上浮现之前开会时的场景。言之有物，指向明确的话语，更显真诚，也更容易让人接受。

3. 盲目地给人戴高帽不如事先充分了解对方

赞美是需要适时适当表达的艺术，而且还要关注对方的变

化、想法，否则，赞美就变成了虚伪的客套。

4. 每个人都喜欢赞美，但不代表见人就要送上赞美

对于那些不是很了解的人，随意给予赞美容易触及某些隐藏的雷区。要等加深对他的了解后，知道了他的性格，再选择夸赞他的某一个优点。最重要的是，不要随便地赞美别人，因为有的人不吃这一套。即便你是真心的欣赏，也可能引起对方的反感。

5. 粗鄙的夸耀和阿谀奉承都不是赞美

在和人交流时，最影响品格、最下等的莫过于无端的谄媚和过于迎合的行为。这样的赞美不是发自内心，而是抱着一定的投机心理，是丢弃自尊来换取利益的表现，也是令人厌恶的行为，因此必须抛弃这样的行为。

3

Chapter 3

选好话题，才能抓住谈话主角

如何避免一开口就狼狈不堪

在人与人的沟通中，我们最怕遇到的就是生硬的答案。现在流行一个词叫“尬聊”，就是你一开口，说出的第一句话便把天“聊死”了，让双方都很尴尬。为什么呢？因为你的提问或者回答完全不给别人继续聊下去的空间。

你来到一家咖啡厅，本想开开心心地询问售货员哪个口味的咖啡更适合你。结果售货员连头都不愿意抬，随口说一句，“都行”。

你搬到一栋新公寓，本想在电梯里和新邻居套个近乎，可是连说了几句话，对方只是淡淡地回了你一个“嗯”。

你兴高采烈地在短信中和朋友交谈今天发生的趣事，分享自己的心情。你等了对方好久，他才回了两个字：“呵呵！”

怎么样，这种生硬的答案是不是让人无比尴尬？遇上生硬的答案最糟糕的地方莫过于碰一鼻子灰，这不但会让谈话的气氛过于无聊，甚至会被认为是非常不礼貌的。实际上，聊天不是一个人一直说，更不是一个人一直听，一问一答才是聊天，要有“听说结合”的互动。不考虑别人的感受，不懂得互动的乐趣，用一个词就杀死了聊天的气氛，特别容易招致别人的反感。

好的话题是成功的一半

假如你和陌生人坐在同一列高铁上，你颇想跟他聊聊。于是你便搭讪道："不好意思，请问你有纸吗？"可是他一句话也不讲，只是点点头，从口袋里掏出面巾纸递给你。你对他表示了感谢，然后，你们又相对无言。

这说明，你选错了话题！他没有过错。假若一个话题能引起他的兴趣，那么，无论他是如何沉默的一个人，都可能会表达一下自己的观点。因此，你在谈话停滞之时，思考了一番后，又重新开始了第二轮尝试。

"天气真好，现在正是旅游的好时节呀！"你说，"你是出来旅游，还是有其他的出行计划，出差或是探亲？"

"我是去泰山旅游的。"他答道。

你回答："我去过那里，风景很好，除了爬山，还有很多的景点可以游玩。"

这位一直安静地坐在你身旁的乘客顿时直起身来："真的吗？你有什么推荐的地方吗？"他急切地问。

就这样，一个旅游的话题，就有可能让你们两个人打开话匣子，滔滔不绝地交谈起来，一直谈到列车到站。

俗话说："巧妇难为无米之炊。"无论巧妇多么巧，如果没有下锅之米，那么她也没辙。与人聊天时亦是如此，聊天的话题就如同巧妇的下锅之"米"。没"米"烧饭，再好的厨师也没有办法。所以说，聊天中如果有丰富的话题，就不怕成不了主角。

互动式的聊天，才能寻找共鸣

要想和对方有实质的互动，我们就要找到共鸣点。只有产生了共鸣，有对话的交集，谈话才能顺畅自如地进行下去。那么，怎样才能与对方产生正向的共鸣呢？

1. 勇于交流会带来意想不到的惊喜

首先，你要有开口尝试的勇气。生活中，很多人都害怕与陌生人交往。一部分原因是对交流的对象有一种陌生感，生怕自己说的话对方不感兴趣，不回应甚至冷眼相待，那样可就尴尬了。还有一部分原因是双方在交流时，因为互不了解，可能找不到合适的话题。但无论如何，你都要勇敢地开口试一试。

或许你不善于说话，便在陌生人面前不自觉地选择了逃避。你内心认为自己反正是一个不会说话的人，不开口就不会吃闭门羹，沉默就可以万事大吉。这种害怕开口的心态，容易让自己与许多潜在的机会擦肩而过。不敢聊天，不敢主动接触，就会使得很多事情都以失败的结局而告终。对于从事推销工作的人来说尤其如此。事实上，人和人的交往中最重要的就是勇于交流。开了口不一定成功，不开口连成功的机会都没有。一场勇敢的谈话，往往能给你带来很多意想不到的凉喜。

2. 认真回答问题可以增进关系

世界上最怕的就是认真二字，认真可以帮你解决生活中的大多数问题。反过来讲，如果你做什么都不认真，即便没有问题的事情最终也会发生问题。在聊天时这种情况表现得也很明显。许多人不知道如何找到对方感兴趣的话题，沟通时支支吾吾了半天，一言不合对方就拍屁股走人了，聊天以失败告终。但只要你仔细观察就会发现，善于交往的人能很准确地找到对方感兴趣的话题。他们认真地交流，真诚地询问，这样即使是初次见到陌生人，也能游刃有余地交谈，仿佛是多年的老朋友。

陌生人见面，为了打破沉默的僵局，开口说话是关键。有的人以打招呼开场，询问对方的籍贯、职业、业余爱好等，以便从中获取信息；有的人通过听对方的口音、说话习惯、措辞等，侦察对方的情况；有的人以肢体动作开场，一边帮对方做一些急需帮忙的事，一边以话语试探；有的人甚至通过借火吸烟，也可以找到交谈话题，打开交际局面。所以，当他人提问时认真地回答和认真地提问都至关重要。只有认真，才可以打动别人。

3. 学会拓展其他共同话题

我们不能仅仅满足于用嘴说话，而应该追求一种善于说话的境界。在生活中我们容易犯一个错误，就是寥寥几句便结束一个话题。对方还没尽兴，你就走人了。这样不但很伤人，而且无法和对方进行深入的交流。所以，要给别人，也给自己一个深度探讨的机会，不要随意挥霍聊天的机会。

方法就是：当一个话题渐渐地失去活力，大家都觉得无话可说时，可以从中引申出一个新的话题。通过新的话题，了解对方的所需，打破尴尬的氛围，从而找到新的共同话题，这样就能使交流更加的顺畅。

一场成功的聊天，应该是大家都能畅谈所见。想要与他人愉快地交流，从聊天中有所收获，我们不仅需要将自己内心渴望沟通的想法传递给对方，还需要给予对方足够的关注，寻找恰当的新话题，由点及面，并把它作为进一步交流的切入点，聊出更多的收获。

4. 没话找话也是不错的选择

会聊天的人都很善于寻找话题，他们拥有“无中生有”的本领。在与陌生人初次相处和交谈时，为了防止不必要的尴尬，调和气氛，没话找话的确是一个很不错的选择。当然，没话找话不是让你啰里啰唆，而是寻找一些不唐突的、合适的话题，破除互相之间的紧张感和不安感。

什么样的话题不唐突呢？比如天气、明星、衣着，这些有较大的展开交流余地的事物，都是比较好的话题。影视剧中我们经常看到这样的情节，两个陌生人见面之后聊的第一个话题就是天气。一个无法与陌生人交流的人，我认为他没有能力拓展自己的社交圈，他的沟通能力也是较差的。

最后，在提问时要选择合适的话题来激起对方的交流欲望，并且进行互动。比如，对方询问你喜欢的颜色。你回答：“我喜欢黄色，因为我很喜欢海绵宝宝这个卡通形象。你呢？有什么喜欢的卡通形象吗？”以这样的话语开始交谈是很不错的，它为后面的话题带来了无限的延伸性。

“怎么说”和“说什么”要想好

俗话说得好：“一句话可以让人微笑，一句话也能让人暴跳。”同样一个话题，有的人说得十分自然，让对方听了感到亲切和愉悦，所谈之事让人听了比较容易接受。但有的人却好话不会好好说，说出来就让对方生气，往往让聊天难以继续下去。

同样的话题，不同的表达会产生不同的结果

古时候有一位皇帝，半夜做了一场噩梦，梦见自己的牙齿全部掉光了。万分惊恐之下，他召集两位解梦大师，向他们询问缘由。第一位解梦大师表示：“掉牙寓意着亲人死亡。你的牙齿都掉光了，就代表你身边亲近之人统统死去，最后只剩你一个。”皇帝一听，顿时动了雷霆之怒，叫卫士进来将这个胡说八道的大师拖出去杀头。

第二位解梦大师却说：“陛下英明神武，有苍天庇护，不是凡人所能比的。梦的意思是，您将是所有亲属当中最长寿的一位！”皇帝听了喜笑颜开，当场就给这位解梦大师封官晋爵，赏赐无数的金银财宝。

一样的解梦内容，不同的说法，却有着不同的结局，让一个人命丧黄泉，另一个人平步青云。在生活和工作中，每个人都有自己说话的方式，而不同的说话方式，往往会给他们的命运带来

截然不同的结局。

1940年，正值世界反法西斯战争最艰难的时刻。处于欧洲大陆对抗德军最前线的英国已经弹尽粮绝，无钱从美国购买军用物资。一些美国人秉承商人思维，要求放弃援英，丝毫不考虑唇亡齿寒的严重事态。为了帮助英国，罗斯福总统起草《租借法》，希望先借钱给英国，让英国用借款从美国购买军事装备。但是，国会在讨论中却分成了两派并互相指责。很多人大肆辱骂放弃援英者目光短浅，因此触犯众怒而适得其反。因为反对援英的声势十分浩大。

罗斯福总统没有直接对抗这股声浪，他选择了其他方式。在国会会议上，他用通俗易懂的比喻，深入浅出地以理服人，点中问题的要害：

先生们，我来打个比方吧！我的邻居家着火了，在方圆几里外仅我家有一截水龙带，要是给邻居拿去接上水龙头，我就可能帮他把火灭掉，以免火势蔓延到我家里。这时，我怎么办呢？我总不能在救火之前对他说："亲爱的邻居，这条水龙带我也是花了钱的，你要照价付钱。"邻居忙着救火，兜里没有现钱，我难道还眼睁睁地看着大火蔓延吗？我应当不要他15元钱，让他在灭火之后还我水龙带。要是火灭了，水龙带还好好的，那他就会连声道谢，原物奉还。假如他把水龙带弄坏了，并答应照赔不误的话，那么，我拿回来的仍是一条可用的浇花园的水龙带，这样也不吃亏。

同样的道理，罗斯福却用简单而深刻的故事让众人明白了事态的重要性。假如不援助英国，一旦全英沦陷，德国下一步很可能便是进攻美国。届时，美国的损失就不只是今天给英国的这些援助了。一言可以兴邦，一言也可以误国。语言是人际交往的桥梁，要取得良好的效果，语言的表达，必须要考虑环境、对象、时机等因素，根据不同的交流情况，灵活恰当地表达观点。坦率是必要的，但坦率也需要包装，要用一种对方能接受的方式讲出我们的观点。

在沟通中容易让人接受的，就是让对方感到我们对其所感兴趣的、与他们切身相关的事物都有足够的认识。简单地说，对方关心的，正是我们关注的，我们与其感同身受，站在同一立场。想要实现良好的沟通，这是最简单同时又是最重要的策略。

同样的观点或话题，根据说话场合和说话对象选择“怎么说”更重要

下面这个故事众人皆知，但它说明了一个非常宝贵的道理：“怎么说”比“说什么”要重要100倍。

从前，有一位大乡绅中年得子，全家人都无比幸福。孩子满月时，乡绅大摆宴席，将孩子抱出来给客人看。客人们看着长得白白胖胖的孩子十分喜欢。其中一个说：“看这孩子的头发和眉毛这么好，将来一定是洪福齐天呀！”乡绅听了打心眼里高兴，赶忙一番感谢。另一个说：“这孩子的额头那么饱满，将来肯定要做大官。”乡绅更是喜上眉梢。谁承想一位客人却说：“这孩子肯定会死呀！”当然，他得到了现场所有宾客的痛斥。

其实，前两名客人的话不见得会成真，但第三位客人的话却是大实话。不久，孩子果然得了重病，没几个月就夭折了。但在

孩子满月时当着这么多人的面说这样的话，再正确也会引发人们的不满。所以，说话时一定要注重场合和表达的方式，才能起到积极的效果。比如，这位客人完全可以在满月宴席散后，悄悄地对乡绅提出自己的担忧，同时要有理有据，指出孩子病在哪里。这样才能让乡绅接受他的建议，及早为孩子诊治。

孔子带领弟子周游列国，风餐露宿，十分辛苦。有一日，他们一行人来到小村落，在一片树荫下休息，正准备吃点东西。不料，马却挣脱了缰绳，跑到农田里吃了人家的麦子。当地的一位农夫上前抓住马的缰绳，将这匹马扣下了。

子贡是孔子最为知名的学生之一，以能言善辩闻名。见此情形，子贡自告奋勇，打算与农夫好好交谈，要回老师的马匹。可是子贡文质彬彬，满口的之乎者也，从王侯将相到天文地理，将大道理讲了一串又一串，费尽了口舌，一点儿效果都没有。因为农夫听不懂，也就听不进去。有一位刚刚跟随孔子不久的新学生，学识、才干都远不如子贡。他看到师哥与农夫僵持不下的情景时，便主动请缨，要求一试。孔子见子贡也没有办法，就让这个新学生过去试一试。

他走到农夫面前，微笑着对农夫说："我们风餐露宿了多日，想必马也是累到极限了，才不得已吃了您的庄稼。更何况您并不是在遥远的东海种田，我们也不是在遥远的西海耕地，我们彼此靠得很近，相隔不远，水土一样，我们的马怎么可能不吃您的庄稼呢？再说了，说不定哪天您的牛也会吃掉我们的庄稼呢，您说是不是？我们应该彼此谅解才是。"

道理说得很明白，语气也十分诚恳。农夫听了这番话，觉得很在理，责怪的意思也就消释了。于是，他将马还给了孔子。旁边的几个农夫也互相议论说："像这样说话才算有口才。哪像刚才那个人，满嘴的之乎者也，说话一点儿也不中听。"

从这个故事我们可以看出，虽然是同样的话题，同样的观点，表达时也必须针对不同的对象，选择合适的方式，要根据不同人的接受方式来表达。重点不在于"说什么"，而是在于你"怎么说"。否则，你再怎么能言善辩，别人不买你的账也是很正常的。

打探隐私式聊天定会引起反感

有位美容师在跟旁边一位洗头的顾客聊天。她只用了短短的两分钟，就直接把那位顾客从“热情的回应”聊到了“一言不发”。

美容师：“你的皮肤看起来不怎么好呀？”

顾客：“是的，近期睡眠不足。”

美容师：“你是做什么的呀？竟然睡眠都不能保证？”

顾客：“做销售，最近有点忙。”

美容师：“你在附近工作吗？是附近的住户吗？你住哪个小区？”

顾客：“哦，我不在这边工作。”

美容师不知道该如何往下接，于是就又换了一个话题：“你知道吗，皮肤不好都是因为你没有睡好，你的黑眼圈好重的。”

顾客：“嗯。”

美容师：“你到底做什么工作呀？不行就换一个工作吧？”

顾客：“嗯。”

美容师：“你可以选择一个作息时间正常的工作。你平常还会做什么呀？有其他合适的工作吗？”

顾客：“嗯。”

也许是觉得顾客对这个话题还是不感兴趣，于是，她又换了另一个话题："哎，不行你就剪个短发吧！我们这边做得很好，你剪短发后很方便的。然后你再办一张卡，下次来的时候有优惠，你说是不是？"

顾客这次没有任何回应，而且不难想象这位顾客下次打死也不会再来这家店。类似的场景，你有没有遇到过呢？在大街上或交际场所遇到陌生人时，有的人会好奇地把你当作一个外星人，恨不得将你解剖一遍。比如这位美容师，短短的几分钟内，竟然问出了一连串的隐私问题。这样的问法，再能聊的顾客也不知道该怎么接话，相反，会对其产生强烈的厌烦感。这就是典型的"查户口"式聊天，其对于对话的伤害性是非常大的。

"查户口"式聊天是极不友好的沟通方式

和任何人交流都要讲究技巧，谁也不会把自己的隐私随便告诉外人。高明的提问不仅可以使你达到了解对方的目的，被问者也会感到舒服——其中一个重大原则就是不要"查户口"，离对方的隐私远一点儿。

很多人都见过"查户口"式的谈话者。回忆两个人当时的沟通，都是对方在不断地提出各种各样的涉及隐私的问题——从你小时候的求学经历，到你如今的职业规划；从你喜欢的颜色，到你如今的年龄，甚至是你父母的工作；从你的感情状况，到你现在的住处，当下的收入……比警察审问的还要全面。这种事无巨细的交流方式，让人有一种被强制审讯的错觉。你会感觉到，提问者根本不关心你，他不是想与你真诚地交流，只是迫切地要获得他自己想要的答案——你的个人信息。

毕竟，这种提问的方式在影视剧中警察审问犯人的时候才会出现：姓名？年龄？哪里人？做什么工作的？几月几号晚上几点你在哪里？为什么出现在那里？和当事人什么关系？你们当时在做什么？还有谁跟你们在一起？

诸如此类以下“禁忌问题”，是在聊天中绝对不要涉及的话题。

年龄问题：国内外的聊天都有这个习惯，不要轻易询问对方的年龄。在国内，长辈经常向后辈提出这个问题，但这并不是社交中的常态。因此，在对话中一般要绕开这个话题，除非对方主动提及。但这不意味着你应该告诉他你的年龄。

地址问题：除非是在商务沟通中涉及文书寄送，或其他场合有礼物需要收取时，否则，不要主动问及或告诉对方自己的居住地址。一般而言，平时只介绍一下自己大体的居住范围就可以了。比如：“我住在北京海淀，你呢，也是海淀吗？”但不要询问是哪个小区。

收入问题：收入也是一个重要的隐私，不要询问。你可以赞赏对方是属于“高收入群体”，表达自己的羡慕，但仅此而已。不要试图得到“每年收入多少万元”的答案，更不要拿自己的收入数字去交换，没有人愿意告诉你。即使有人愿意，你得到的数字十有八九也是假的。

情感问题：对方的情感和婚姻状态是聊天的禁区，这个话题不论在何种场合都不应主动提及。事实上，就算对方和你聊到这个话题（向你求教），也应该保持恰当的谨慎。不少生活中的对话都因情感话题终结，人们对于这个问题的警惕性往往都很强。

家庭问题：比如你有几个孩子，孩子的年龄、学校、学习情况及家庭生活中的各种习惯等，都是不建议列入聊天流程的话题。但在女性之间的聊天中，这可能是一个例外。当女人凑到一起聊天时，家庭问题就会成为一个很好的话题。

健康问题：在身体健康方面，隐私性的疾病是不能在谈话中触及的。例如，你可以问对方的胃疼是否减轻了，表达你的关心，但绝不可以提及他的“性功能障碍”或“身体异味”等方面的疾病。

性取向问题：性取向是聊天时的大忌，无论你如何理解及对方如何宽容此话题，都可能因答案的不同引发对方被歧视的体验。同时，它也涉及一个与你有关的重要印象，使对方对你产生误判：“你问这样的问题，究竟想干什么？”

“查户口”式聊天是很多人在沟通中非常容易发生的问题，有时是无心之过。之所以会选择查户口式的对话，是因为我们急切地想要了解别人，并与对方建立联系。为了表示公平，人们也愿意交换自己的信息。由于没有什么其他方面的共同话题，所以只能通过这种挖家谱式的问问题方式来建立联系。

但是，这种行为是极其不友好的，沟通的效果也差。每个人都讨厌这种被盘问的状态。首先，人在被连续提问的时候是处于一种较为焦虑而不是放松的状态，会产生提防心理。因为你首先是在回答问题，其次才是交流。人的潜意识会提示自己：这是不平等的，也是不友好的氛围。最后，提问并不能真的构建共同话题，因为一问一答之间，一个话题就宣告结束了，没有延伸性，所以良性沟通并不存在。

比如："你在干吗？"

"我在吃饭。"

然后，话题就结束了。但是，为了强行延续话题，往往会继续提问。比如："在吃什么？""咖喱饭。""自己做的吗？""不是。""平时很喜欢咖喱饭吗？""还行吧。"时间就在这种口水式的无聊问答中一分一秒地流逝了。

如何避免"查户口"式聊天

有句话说："人生何处不相逢？"与陌生人的交谈并不可怕，无须紧张，也没有必要产生过于拘束、不自在等消极情绪。只要主动、热情地同对方聊天，真诚、努力地探寻双方的共同点，对话的效果就不会太差。

那么，在交谈时怎样避免"查户口"或"被查户口"呢？有人会选择对你提出很多的问题，就像前面那些琐碎的信息。虽然这些问题不很重要，但会降低你和对方聊下去的兴趣。如果是你提出了这些问题，也会惹起对方的反感。

原则应是事先小心防范，事后设法加以纠正。

善于沟通的人之所以能把沟通氛围营造得很好，不仅是因为他们言谈幽默，而且能够找到合适的方式来与不同类型的目标对象聊得好。

1. 转换提问的方式，使氛围更融洽

如何防止一问一答的尴尬发生呢？作为提问的一方，你应

该对发问的方式进行设计。比如来了一位南方客人，你如果这样问：“你是南方人吧？”“你第一次来东北吧？”“东北可比南方冷多了吧？”等，对方恐怕只好一次又一次地重复“是”或“对”。这不是好的开始。当然这不能责怪客人不健谈，而是你这种笨拙的发问使对方也至多能回答到这个程度。如果你换一个问法：“这次来到新地方有什么见闻？还习惯吗？”“你觉得南方和东北最大的不同是什么？”等。如果你问这样的问题，对方不但可以介绍一些你所不了解的新鲜事物，还能够充分地叙述自己的感受，让对话的气氛自然而且融洽。

2. 给对方多种回答的选择，提高交流的成功率

一定要记住：聊天时提出问题不是为了质问对方，目的也不是让人为难，而是为了加深了解。在日常生活中，提问不仅是征求对方的意见，更是增强互信的有效途径。所以提问时要给对方多种回答的选择，让话题具备发散性。这样也更容易营造一个友好、热烈的谈话氛围。

比如：与陌生人第一次见面吃饭，你想在点餐时照顾他的情绪，但又不知道他喜欢什么。怎么办？你可以这样问她：“你是喜欢甜口味的，还是咸口味的，或是爱吃辣？”这就是话题的发散性。如此一来，对方能从容地选择自己喜欢的口味，也能与你很好地聊天和互动。

不但要会说，还要会听

我们今天的生活处于一个信息为王的时代。面对高速更新、瞬息万变的各类信息，沟通是我们每个人必须具备的能力。无论你是什么人，无论你拥有什么样的才华，你都不可避免地需要与他人沟通，时刻注意对方在想什么，在说什么。

然而，沟通又是一门深奥的双人或多人艺术。它并不是一个人直抒胸臆，而是一方表达，另一方倾听。表达和倾听加起来，才叫沟通。要多听，多看，多思考。上帝造人送给我们一张嘴巴和两只耳朵，也是告诉人们要学会倾听，不能只顾自己说话。倘若不懂得倾听，聊天时随意地抢过别人的话头，哪怕发表的观点是对方想听的，也难免会令人觉得不被尊重。

会倾听比会表达更为难得

世界上最伟大的推销员乔·吉拉德的故事已经尽人皆知，或许我们可以从中得到一些有益的启示。

在一次演讲中，乔讲起当年自己从一位顾客那里学到的人际交往中最为重要的一招。当时，那位光顾车行的顾客真心实意地想要买车。乔本以为胜券在握，也就没有尽力推销汽车的优点。他懒懒散散地让顾客走进自己的办公室，准备签下一纸合约。

当他们一起向乔的办公室走去时，顾客开始向他讲起自己的生活，自豪地表示他唯一的儿子十分优秀。顾客说，自己的儿子即将考进一所有名的大学，未来必定成为伟大的医生，从事救死扶伤的工作。这件事令他无比自豪。

“我真是羡慕你，您的儿子太优秀啦！”乔随意地回答。当他们继续往前走时，乔还在漫不经心地看着周围。“乔，我的孩子很聪明吧？”顾客继续说。“成绩非常不错吧？”乔应付地反问着，眼睛却仍然望着门外的风景。

“在班级里一直名列前茅。”顾客又说。“那他毕业后打算做什么？”乔问道。“我告诉过你的。乔，他在最好的大学学医。”

“那太好了。”乔说。突然，顾客看着乔，意识到这位成功的推销员完全忽视了他所讲的话。“嗯，乔，我要离开了。”就这样，他转身就走了。

下班后，乔回到家后回想今天一整天的工作，分析交易成果，又开始重新考虑白天见到的那位顾客。第二天，乔上班后就立刻给那位顾客的办公室打去电话：“我是乔·吉拉德，我希望您再能来一趟，我们昨天谈好了一辆好车，您是否准备好签约了？”

“哦，我亲爱的推销员。”顾客说，“在别人那里，我已经有了心仪的车辆。”

“是吗？”乔既奇怪，又十分无奈。“是的，我从那个倾听我、赞美我的人那里买的。当我提起我为儿子感到骄傲时，他是那么认真地倾听。”随后他沉默了一会儿，又说，“乔，你并没有听我说话。对你来说，我儿子成不成为医生并不重要。但是，这对我很重要。我希望你能够明白，如果别人和你讲他的生活时，你应该倾听一下。这是对人基本的尊重。”

乔此时才意识到自己犯了一个多么大的错误。从那以后，每个进入店内的顾客，他要问问他们是做什么的，家里人怎么样等；然后再认真地聆听他们讲的每一句话，和他们交流。大家都喜欢这种聊天方式，因为那会给他们带去一种被重视的感觉，而且让他们感到你是十分关心他们的，并不是只想让他们付钱。

有经验的沟通者都深知倾听的重要性。例如，凡是优秀的售后人员在处理问题时，面对顾客或愤怒或无理的要求，都会默默地倾听他们的满腹牢骚，而不会唇枪舌剑地反击。这种情况下，顾客会把倾听的沉默理解为这个人尊重我表达的权利，愿意理解和倾听我的怨言。因而，他的火气也会在这个过程中消除一大半。

倾听是建立好人缘的开始

大多数人都有一种展现自我、凸显价值的欲望，特别是当你面对一个想向他表达和倾诉的人时，你的这种展示的欲望难免会更加强烈。这时，你往往会忽视对方对你的态度，只顾自己表达心声，阐述自己想说和擅长的话题，却不知对方或许早就关闭了耳朵，并不想听你说下去。你自己一个人的独角戏唱久了，万丈豪情也就不知道飞到哪里去了，剩下的只有尴尬。

在这种情况下，我们就要识趣地把嘴巴闭上，把耳朵竖起来，看着对方的眼睛，改变态度，用心地去倾听他的话。倾听的目的是什么？除了满足对方表现自我的欲望外，还能听到他对你的真实看法——对我们来说，这方面的信息越多越好。

有人总说：说话是一门艺术。但在我看来，倾听式的说话就更是一门艺术。在交流中，倾听是搞好人际关系的一个有效手段，并且是一个至关重要、不可缺少的手段。对方可以把你的倾听理解为对自己的尊重和褒奖。这种尊重和褒奖其实就是一种说话，也是一种表态。它等于告诉对方：你说的话对我很重要，我在认真地听！这就在无形中使对方获得了一种成就感，满足了他内心中表现自我的欲望，当然也就增进了相互间的感情。反过来，他就会愿意听你说话，也会尊重你的观点。

倾听也是一种无声的表达

聊天是一种双向的信息交流，我们很难想象一个不懂倾听的人会是聊天的高手。倾听别人的表达也是日常交往中最为常见的说话方法。如果你不懂得听，也就不会懂得如何去说。

对于表达者来讲，这一切都是莫大的鼓励。如果倾听者不会及时地给予讲述者以恰当的回馈，那么，纵使你听的时间再长，也不会被当作他的知心人。

要想成为一名合格的倾听者，光有耳朵是远远不够的。当你全身心地投入倾听时，就是投入地交流，以动作和语言的回应给予对方积极的反馈。只要你满足了表达者的表达欲望，获取到有价值的信息，你就达到了倾听的目的。

聊天不冷场的必备要素

在人际交往和商业对话中，能成功地驾驭一场交谈的人一定是擅长给对话暖场的人，他们总能选对话题。一个不冷场的话题，可以轻而易举地沟通人与人的感情，扩展其人际关系。一个能让话题不冷场的人，大家也都愿意和他在一起，听他讲话。不论在什么场合，他都能在社交中占据一定的优势，成为舞台的中心。

一个不冷场的话题，必须具备四个基本要素：

第一，要有联系感——任何人都不愿谈论一个自己完全不熟悉，并且不感兴趣的话题。

第二，注意细节——有时好话题就藏在对话时的细节中。

第三，感情——注入感情的交流才是以心换心的优质沟通。

第四，幽默感——幽默感可以使人们感受到愉悦轻松的气氛，幽默是良好交流的润滑剂，因此，具备幽默感是聊天的重要素质之一。

联系感是聊天不冷场的前提

两个年轻人从某市上火车，坐在同一排。其中一人问对方："你这是去哪里啊？"

"我要去沈阳，你呢？"

“我也是。你去沈阳做什么？”

“我的同学现在正在沈阳，我来找他。你是沈阳人吗？”

“不是的，我也是去沈阳看朋友。”

经过这番试探后，双方便找到了联系感：都是去沈阳看朋友。随后，两个人谈得很投机，相互留下了联系方式，后来也成了朋友。

一个好的话题，要能把双方联系起来。孔子说：“道不同，不相为谋。”联系让人亲近，要想与人顺利交谈，就要有与双方的生活或工作相关联的共同话题。一些联系感强的话题，往往能够有效地避免冷场局面的出现。

很多人觉得，与初次见面的人交谈，彼此都不了解，哪儿有什么联系感呢？实际并非如此：用同一个品牌的手机，有一样的求学经历，都喜欢养小动物，都不喜欢学英语……只要善于倾听和发现，何愁发现不了类似的联系感呢？

细节是聊天不冷场的关键

在各种社交场合中，有时你会觉得找不到良好的谈话契机。这时，从谈话时的一些细节中也能够发现好的话题。

在一场鸡尾酒会上，四周都是首次见面的陌生人。其中一位男士对服务员说：“麻烦你告诉我香槟在哪里。”在提及“我”这个字时，他说的是一种广州地方方言。恰巧站在旁边的另一位男士也是广州人。见服务员没有听懂，他便将这个字用普通话转述了一番。随后，这两位不相识的人相视一笑，开始聊了起来，从工作聊到生活，并且两个人交换了名片。

会聊天的人面对不同的人善于察言观色，然后再开口。有时，你忽略了一个小小的细节，就有可能使聊天冷场，或者失去一个很好的社交机会。

感情是聊天不冷场的基础

唐代诗人白居易说：“感人心者，莫先乎情。”与人交谈之时，除了注重联系感和细节，真挚的情感也不可或缺。倘若你对所聊的话题缺乏激情，不过是为了说而说，内心丝毫不感兴趣，那么，就无法让对方与你产生共鸣，又怎么会不冷场呢？只有自己对所讲的话题能够投入感情，是你真心关注的，才能激发对方的兴趣。

老程在加州曾经参加过一次情感讲座，与几个一同参与讲座的陌生人临时组成小组进行讨论。大家你一言我一语地聊起各自的生活。虽然只是刚认识，但因为是情感讲座，大家都用心讲出了自己在生活中的不安定感和情感上的烦恼，也讲出了自己对人生的不同感悟，并且互相给予劝慰和精神上的支持。在讲座结束后，大家感觉就像是老朋友一样难舍难分。

老程和其他人一样，并不是非常健谈的人。为什么大家可以在短时间内结下深厚的友情，聊天的效果如此之好呢？答案就在于，他们都不自觉地运用了沟通中的一项重要技术——交流感情。更为重要的是，这些话题确实都是我们比较关心的。来到这里的人每一个都是带着沉重的心事，所以讨论时非常动情。

著名民权斗士马丁·路德·金曾在美国的街头一次次地进行演讲。他的语言并不曼妙，但词句却充满感情：“我有一个梦想！”让闻者动容，也获得了巨大的影响力。著名作家鲁迅曾经这样说：“只有真的声音，才能感动中国人和世界人；必须有真的声音，才能同世界人同在世界上生活。”这里的“真”指的就是最真实的感情。

幽默是聊天不冷场的润滑剂

第二次世界大战期间，英国首相丘吉尔和美国总统罗斯福进行会晤，商量两国在反法西斯同盟中应承担的使命和责任，并对战后欧洲整体利益划分进行谈判。

面对出兵人数和战后利益分配的问题，丘吉尔和罗斯福都希望为自己的国家争取最大利益，所以双方难免出现分歧。丘吉尔认为英国已然在欧洲大陆损失过多，希望美国尽可能地援助英国。而罗斯福则认为英国占据有利的地理条件，更应坦诚和出全力，不能只依赖美国。双方都试图说服对方让步，但两个人都很强势，谈判进程缓慢。

一天傍晚，罗斯福因一个紧急情况四处寻找丘吉尔，直接闯入这位英国首相的房间，没想到丘吉尔此时正在沐浴。罗斯福看到大腹便便的丘吉尔在水池中一丝不挂，当时的场面十分尴尬。

正当罗斯福不知道如何收场时，丘吉尔幽默地解嘲：“你看，我作为堂堂的大英帝国的首相，在你美国总统面前，可是毫无保留，一丝不挂。你怎么能说我不够坦诚呢？”丘吉尔的幽默成功化解了这次尴尬。在之后的谈判中，罗斯福最终决定做出让步，丘吉尔因此大获成功。因为他说服了美国全力支援英国。

幽默是聊天不冷场的润滑剂，聪明人总是会借助幽默的力量来烘托对话的氛围。他们善于用小玩笑来表达自己的友善，会适度地调侃、自嘲以及用小幽默比喻大话题。我们也应该学习这种幽默的性格和说话方式，它既能让你养成乐观的生活态度，又能在交谈中让他人感到愉快和放松。言辞幽默，内容精辟，无论在什么场合，这都是十分受人欢迎的风格。

4

Chapter 4

妙口生花，让对方见你就喜欢

给对方留下深刻印象

在当今这个时代，人与人的见面和认识变得容易起来，但能给人留下深刻印象的并不多。

我们期待别人能记住自己，甚至有人说，“宁可给人留下‘怪印象’，也不要没印象”。例如，故意把领带折起来，或者在初次见面聊天的时候就力求一语惊人，又或者在行动上更加积极和刻意制造热闹气氛。可是，这三种方式的效果并不够好，要知道“这个人很怪”的刻板印象一旦形成，再想树立正常、可靠的形象就困难了。

那么，我们怎么做才能给别人留下深刻的印象呢？

让自己说有趣的话，变成有趣的人

我们遇到的人越来越多，可是，有趣的人却越来越少。与其徒劳奔走，不如让对方被你的有趣吸引。这样，对方自然对你感兴趣。

你可以通过学习一些有趣的笑话，令对方“闻所未闻”、印象深刻。当然，这么做的危险是对于初次见面的人，“玩笑而不伤人”是困难的，因为一句玩笑说出口，你根本不知道你的笑点是不是对方的痛点。

在这里，我们提到一种高级的有趣，也就是并不是普通的讲多话，而是说出令对方感兴趣的话。

具体怎么操作呢?

人的复杂性决定着人有很多面：一个外表极为热情和开放的人内心一定有某一个角落也是不能对人言的，或者有着不为人知的痛苦；一个极其安静、从容的人，也许某一刻正在拼命地压抑自己内心涌起的暗流。

我们在和陌生人接触的过程中，如果能够指出人的这种矛盾性，对方将感觉“你真是懂我”。

比如对一个内向、不善言谈的人说：“你今天虽然没有说太多话，但我感受到了你的支持。”

对一个外向、开朗的人说：“你今天的每一个沉默都是一种态度，我知道你内心是有自己的坚持的。”

这就是“说出内向的人的外向性，说出外向的人的内向性”，让人感受到你的细致、温暖与关注。

做个肯耐心准备的人

当我们去见一个人的时候，如果能够提前将对方的资料和信息进行搜集和整理，你说话的时候注意把相应的话“嵌”进去，对方自然会对你有好感。

你说话的时候，引用了对方说过的一些很有战略思想或者和别人不一样的观点，那就是对方的得意之处。只要你提出来，对方就会自动接话和延伸话题。你说：“我留意到您在充满了变化的当下，提出了一个职业人士还是要做至少三年的职业规划……”对方接下来和你绝对有的聊。

提问的时候，结合对方的个人经历来提问题。你说：“您以前是名技术人员，后来成功地自我创业。请问在您看来，从技术岗位转移到领导岗位，需要克服哪些困难呢？”

在自我介绍的时候，先介绍你们两人共同的特点。聊天时，哪怕你说“您是安徽人，我也是……”也比没有共同点要好得多。

莫急功近利，第二次留下印象也是种策略

有时候，我们在面对一些很有社会地位和成就的人时，被他们对外宣传的形象和气质震慑，尤其对年轻人而言，在自己崇拜的人面前，甚至会有点害怕和他们说话。事实上，这只能证明自己见过的人还不够多。

多年前，陆翔想找一位知名的企业家谈项目合作。这位企业家在报纸上的形象是那么严肃、一丝不苟，陆翔也看到过电视上的他：说话很慢，也很少，有时候观点很尖锐，不给人留情面。

第一次见面，是在一个公开场合，他来去匆匆，陆翔的确没有找到机会上前进行自我介绍。

第二次见面的时候，陆翔去他的企业拜访，发现他私下和外界的形象并不一样。他很随和，还很客气，当场送了陆翔一支刚在国外买的钢笔，表示初次见面，要互相支持。

陆翔接过钢笔，表示了谢意。同时，顺着他的话开始聊，陆翔说这并不是他们第一次见面，只是他对陆翔没印象了，但是他却给陆翔留下了一个思考。陆翔说起上一次见面的场景：“当初参加那个企业家谈创新的活动就是为了听您的观点。当时，您提

到了自己的企业也在寻找新的模式。我在想，您把企业做得这么好，还一直在努力和寻找新的突破，令我很感动，也对您更加尊敬了。”

听完陆翔的话，他因为对陆翔的毫无印象而有点不好意思地笑了笑，同时因为听到陆翔对他的印象之深而对陆翔也有了印象。后期，他们谈得很愉快，也有了成果。

当时，陆翔就懂得了一个道理，有的人和电视上是不一样的，不要被电视上对方的犀利而吓到，那可能只是一种传播自己和对外塑造自己必要的手段。

有很多人缺乏安全感，只愿意和脾气不好的人合作，因为在对方的强势和自负的包装下，他们才觉得项目可靠。

在那一次的拜访中，陆翔还深深地领悟了一句话：“人们不在意你说了什么，除非你说的让他知道你对他有多在意。”

说话是为了表达，不论你对人多么真诚，如果你无法恰当地表达出来，对方都不会感动。除非你们第一次见面的时候你就牢牢记住对方说了什么、做了什么，哪怕你只记得对方的帽子或者眼镜的颜色，你在第二次见面的时候，只要把你的观察说出来，你也能和别人不一样。

让赞美锦上添花

很多人都说自己并不喜欢听到别人对自己的赞美，那只是他们不喜欢听到重复、老套、空洞的赞美。如果说话的时候，你能让你的赞美真诚和巧妙一些，那么对方一定会听得“上瘾”。

好的赞美有哪些特点呢？

好的赞美要真诚，并且发自内心

我听到很多人赞美别人的时候，都唯唯诺诺、声如蚊蚋。这种态度不可取，如果你用这样的态度和语气来赞美别人，那么宁可不要去说。我们观察那些成功的销售人员，会发现他们夸赞别人的时候，都大大方方、不做作。有时候，明知道对方是为了你口袋里的钱，你还是会不由自主地高兴。要知道，当一个人心情好的时候，大脑就会活跃，思考事情的时候就会倾向于积极的一面，这种积极会推动和加速两个人的互动关系。所以下次，哪怕你只是要夸对方的形象很儒雅，你也要大大方方，大声地说出来。

好的赞美要实事求是，令人放松

大家有没有发现这样一个现象：我们夸赞了某个人之后，他和我们的关系非但没有变得亲近，反而还疏远了，对方想见我们的积极性反而越来越低了。

人们在自己的行为中追求一致性，如果你的赞美表现出一种只是给对方“戴高帽”的感觉，对方就会因为难以达到你的赞美，而与你保持距离。

例如，你对一个人说：“您真是个好人，每次当我需要您的时候，您都会义无反顾地支持我。”不是这个赞美不真诚，而是你的赞美中暗含着一种要求：对方每次都要义无反顾地支持你，这样才能符合你说的“真是个好人”的标准，这真是极高的期待和要求！

正确的赞美应该是就事论事，比如这次对方的帮忙有多么及时。只要你把自己当时面临的艰难处境说得令人感同身受，对方就能知道这是你对他热心帮忙的赞美。

好的赞美要灵活多样

可以配合一个小礼物进行赞美

杨总监收到了下属的一个礼物，是一条领带。这个礼物选得有品位，又不夸张。更有意思的是，杨总监还听到下属对他说了这样一句话：“谢谢您一直以来的信任，希望您继续领着我、带着我，一起成长和进步。”哪个领导会拒绝这样送来的“领带”呢？

满足对方的多个需求

美国心理学家马斯洛提出了人的五大需求，分别是生理需求、安全需求、社交需求、尊重需求和自我实现。

其中，社交需求是人对友谊、爱情和社会关系的需求。一个人感受到了别人对自己的需要，从而感受到自己的社会价值。一般情况下，只要你向对方表达了感谢和赞美，都能够满足对方的这种心理需求。

尊重需求属于较高层次的需求，如成就、名声、地位和晋升机会等。尊重需求既包括对成就或自我价值的个人感觉，又包括他人对自己的尊重。

看似社交需求和尊重需求有重合的地方，但在实际运用上却有大大的不同。你对一个人说“老王是个很有能力的人”和你对着一群人说“老王是个很有能力的人”，对老王的刺激当然不同。所以，你可以使用“在公开场合表达对对方的赞美”这一招。这样，你让对方的两个心理需求都满足了!

好的赞美需要以各种形式扩散，你当着老王的面赞美老王，和你背着老王去赞美老王，在当事人心中，感受又不一样。一个人在别人背后赞美他，会显得没有功利心，这会让一句平平常常的话变得更加真诚、令人感动。相信我，不要以为背后表扬人不会传到当事人的耳朵里，它会比你想象的传达速度更快!

赞美越含蓄，才会显得越高级

赞美可以很具体。对方完成了一项工作，你与其大声吆喝说他太厉害了，不如将他的工作难点进行拆分。当你努力说这个工作原本有多么难，而对方能够克服困难完成的时候，你就已经是在赞美对方了。

明贬暗褒有转折。你可以这样说："我刚认识你的时候，对你有距离感，因为通常一个能力像你这么强的人，都会看不惯别人，对其他人没有太多包容性。后来，我和你一接触，发现你真的太难得了，你对自己要求很高，但是待人却那么宽厚！"

赞美可以"曲径通幽"。你对一个人说"您是一个有社会地位的人"，对方一定会听过就忘，甚至有的人还会反感，觉得他是否有地位不必由你来评价和论断。但是，如果你了解他的家庭结构，你说："这次的事情多亏您帮忙。对于您而言，真的是没有克服不了的困难。除了工作伙伴，就是在家庭生活中，您的家人也一定会因为有您在身边而感觉特别踏实和安心吧。"这样的赞美，不但是赞美，还延续了话题。接下来，你们从工作就聊到了家人，从而迅速拉近彼此的心理距离。

寻找对方有兴趣的话题

我们和自己不太了解的人说话，想开启一个话题是有些冒险的，甚至是那些我们好久不见的朋友，因为我们对对方的信息掌握得不全面，一开口都有可能造成尴尬。

再会说话的人也会遇到尴尬的场面，也会有自己当下解决不了的问题。说话是一辈子的功课，在面对一些陌生人的时候，永远都要有谨慎的心态，尽量多掌握对方的信息。

当我们掌握了对方的一些基本信息的时候，该怎么聊天能让对方产生兴奋的感觉，愿意继续和我们聊下去呢？可以从以下三个方面入手。

聊对方最看重的事情

总有一些话题，能涉及人们的共性，也是比较容易把握的话题。只是如果我们不学习，我们就会忽视这些话题。生活中，我常常遇到这样的提问："为什么我和一个人聊天，开始的时候聊得还挺好的，后来慢慢地，不知道为什么，对方就没热情了，事情就不了了之了？"

我们看如下一段对话：

小李："关于这次合作的细节，杨先生让我和您联系。"

某客户的市场部负责人苏女士："好的，欢迎谈合作。你们公司在业内很知名，早就听说过。”

小李：“那太好了，我们约个时间，我去拜访您吧。”

苏女士：“我们尽量安排在工作日吧，周末我想在家里照顾孩子。”

小李：“您有孩子啦？”

苏女士：“是的，呵呵，一儿一女。”

小李：“那您下周一方便吗？”

苏女士：“下周我要出差。”

小李：“那您什么时候回来？”

苏女士：“说不准，我有时间了再联系你。”

这是我看到过的一段真实的聊天记录。在这段对话里，我们看到了两个人的形象：一个是有些焦急的小李，一个是有些冷漠的苏女士。两个人的对话在苏女士回答“一儿一女”之后，发生了急速的变化，苏女士的态度迅速冷了下来，因为小李在对话中，让苏女士产生了很不好的感觉。

也许有读者要问，小李的话看上去很斯文，没有什么错误。可是，对苏女士而言，完全不是如此。小李开始的时候做得不错，调动了苏女士的热情，让她愿意分享自己的私人信息。可是，当一个女人聊到自己的孩子的时候，你不回应几乎就是在“打对方的脸”，尤其是当苏女士主动说自己有“一儿一女”的时候。小李如果能够简单地回应：“您太幸福了，儿女双全。”或者说：“您太厉害了，抚养两个宝贝，还能做这么多工作，真让人羡慕。”甚至可以说：“那我见面的时候，可不可以给两个宝贝带上一套睡前故事书呢？”如果有这样的一种互动，两个人的关系只能随着对话升温，绝不可能出现瞬间冰冷的局面。

我们聊天的时候，要在乎对方看重的事情：对于老人来说，他们在乎健康；对于男人来说，他们在乎事业的发展机遇；对于女人来说，聊到孩子几乎就根本停不下来。

聊对方骄傲的事情

当我们接触的人越来越多的时候，我们就会发现，人都有一种不太好的习惯，就是看轻别人的得失，而看重自己的输赢。如果我们能够克服内心的狭隘，多看重别人，让别人多聊点儿他们骄傲的事情，少聊点儿自己有多完美，你就可以靠这一点点和别人的不一样，让对方感受到你的好。

有的人会说，可是我的聊天对象真的就是个平凡的人，估计他也没有什么骄傲的过往可以聊，怎么办？其实，没有一个人会真心觉得自己平凡到和任何人都一样，因为每个人都要在生活中克服诸多困难。至于我们具体从哪里开始展开话题，能让对方感觉自己很骄傲，我建议从对方的工作开聊。

例如，当你知道对方的工作是报关，你就可以以请教的姿态问对方，这个工作的难点是什么，听说报关的相关证书非常不好考……

当你聊到这样一个话题时，你就进入了对方熟悉的领域。他自然就会兴奋起来，哪怕他的工作实际上做得很一般，他在你这个外行人面前，也是标准的内行。他做得再一般，懂的也一定比你多得多。

你会发现对方聊着聊着，脸上就露出了一些得意的表情，也不自觉会出现专家般的状态。当一个人自我感觉非常好的时候，他看你也就越看越顺眼、越看越贴心。

在对方兴奋的话题里找机会

一次痛快、热络的聊天显示了一个人说话的能力，可是，你有没有发现，有的人很擅长制造这样的氛围，也很会聊天，但是交际能力却真的很一般，为什么呢？这是因为他和别人聊了一次，别人觉得他很好，但是聊完就聊完了，然后就没有然后了。这样的聊天是被浪费掉的，我们聊天的目的是要更好地表达和交际。说话只是一种手段，交际才是目的。

在对方聊得很兴奋的话题里，你要寻找下一次见面的机会。例如，有一次，小张想约一个老领导吃饭。可是，小张不能一上来就对领导说想约他吃饭，否则领导一定会拒绝。于是，小张就和他聊起了他的业余爱好，老领导说他平时就喜欢钓鱼。

小张一听就蒙了，坦白讲，小张是完全不懂钓鱼的，也不可能陪着他去钓鱼，钓鱼太浪费时间了。可是，小张当时问了一下他习惯去哪里钓鱼。他告诉了小张一个位置，小张知道那儿附近有一家很好的素食餐厅，正好也很适合他。于是，小张就主动问领导下次是否约到那里吃饭，他很痛快地答应了。

在一些看似平平常常的话语中，给自己寻找机会，让自己真的会聊天。比如，当对方聊到自己的日常保健时，你可以多问一些细节，下次见面的时候送对方一件他正缺的保健器材。又如，如果对方聊到自己的孩子正在高考，你可以约对方一起去拜访你认识的某一位高中老师。诸如这样的对话和聊天都很有意思，虽然没有什么惊人之语，但是在不知不觉中会让你的目的达成。

会说话是一种权利，更是一种能力

有的人这样评价自己："我心地很好，就是不会说话，总是惹别人生气。"或者说："我这个人就是心里藏不住事儿，看到别人的缺点总想指出来。"还有人说："我脾气不好，一生气就爱骂人，但是我的坏脾气只要一过去，我就忘了之前说过什么了。"

在我看来，这些都是不留口德的人给自己找的种种借口。一个人对自己没有要求的时候，其实是给对方提出了很高的要求。他们总是以一种不成熟的态度要求别人能体谅自己的缺点，而自己不改进，这绝对不是对自己负责任的态度。这样的态度只会带来他人与我们的疏离，因为人们不会真正在乎那些在语言上不尊重自己的人。

反之，在人际交往的过程中，恰到好处的说话技巧能够让对方对我们更加信任。我们可以从三种情况来理解会说话的重要性，并能从中体会到会说话有时候不仅仅是一种技能，也是一种懂得为他人着想的厚道。

会说话意味着不会把压力转移给对方

恋爱中的男女在一起聊天，女人问："你现在处于创业期，我不知道未来会怎么样，不过我发现你现在根本不能给我提供我想要的生活。”

男人应该如何回应？

初级说法：“我现在就是没钱，你再怎么不满意也没用。”

升级说法：“我现在的状况就是需要往项目里不断地投钱，我知道自己挺对不起你的。”

高级说法：“我将来会给你想要的生活，但是现在的情况就是需要我们一起熬过去。”

在三种话语中，我们感受到的并不只是会说话和不会说话的差距，我们看到的是三种面孔和三种品性。

使用初级说法回应的人，他心中只有自己，对对方的感受选择性地忽视，他们妄图把自己创业的压力转移给对方。使用升级说法的人，他看到了对方的不满意，但是并不想改变现状。使用高级说法的人，一定是个情商高手。他并没有巧舌如簧地给对方勾勒未来的蓝图，但是在他的回应中，他把自己和对方视为一个整体。而且，他的回应中还暗含着对彼此的一种承诺，在平实的语言中体现了自己的雄心和厚道。

会说话才能让对方真正测量到你的实力

冯扬的团队中需要培养一个副手，有两个同事的表现很突出，冯扬决定给其中的一位升职。

平时，冯扬很留心两个人的表现，于是在稍作考虑后，给其中的一个人升职了。

另一个人很委屈，对冯扬说：“冯总，我们一起共事三年了，我不明白您这么一个公道、聪明的人，也会喜欢那种就会要嘴皮子的人。”

因为这名老员工是踏实肯干的人，也的确是团队中的核心员工，听他这么说，冯扬很愿意和他开诚布公地聊一次。

冯扬说：“你对余副总有看法？”

他说：“我觉得我和他相比，自己具备几个优势：第一，我的业绩并不比他差；第二，我和同事的合作比他要顺利，他和同事起过冲突，我一次也没有；第三，他总是夸夸其谈，想法很多，但实现得很少。”

冯扬听他这么说，才发现这位一向沉默寡言的老部下一定是思虑很久，有备而来。

冯扬说：“你的这些想法一定把自己折磨了很久吧？”

他本来很有气势，但一听冯扬这么说，他默默地点了点头，说他只是想和冯扬推心置腹地谈一谈，就是想知道冯扬对他的看法究竟是怎么样的。

冯扬说：“我认可你的工作能力，我觉得余副总也需要你的协助，才能一起把团队带好。但是，我并非是因为余副总只会耍嘴皮子才让他升职的。如果是这样，你对我也是没有信心的。针对你对他的看法，我们可以换个角度来看。第一，你们业绩相当，也就意味着余副总的业务能力也很强。第二，他和同事起冲突固然不对，但是你这么多年是怎么工作的，我比你更懂得你的委屈。很多时候，你为了回避和同事的矛盾而委曲求全，让自己承担了太多的任务和压力。从这个角度来看，如果让你升职，你这么在乎人情味的一个人，可能会在新的工作中更受委屈和更被动，这对你未必是好事。第三，在你看来，余副总提出了很多建议，平时也很能夸夸其谈。可是，表达能力也是一种领导力。此前，我没有给他更多机会让他把想法投入项目，是因为他还不是这个部门的决策人，但当一个人成为一个领导之后，他就可以带着团队实现更多的创新了。因为一个好的领导不是听他的领导告诉他接下来要做什么，而是他要告诉所有人，接下来他要做什么。显然，他平时已经对自己有了这样的要求和训练，而他只是欠缺这样一个机会而已。”

这位同事听到这些话后，非常平静地，表现出了一个团队老大哥惯有的忠厚和虚心。他是个厚道的人，但是脑子转得并不慢，他随即就表示一定会继续好好支持冯扬和余副总的工作，也会在团队中积极地起好带头作用。

会说话有时候意味着他能对自己的一切负责任

在一段时间里，大家听说吴朋遭受了来自家庭的打击。据说，他的伴侣携带了他所有的资金去了国外，和他分道扬镳了。

他的一位朋友约了几个朋友同他一起喝酒，大家谁都不提他的痛处，倒是他自己轻描淡写地说了几句：“最近心情不太好，不过好在金钱上没有什么损失，大家都不用担心。”并表示“家庭生活出现的烦恼他有能力解决”。

一番话说完，大家都松了口气。

可就在当晚，吴朋独自一人到了这位朋友家，烂醉如泥，痛哭流涕。当晚，朋友知道他的全部资金都被转移，他遭受的巨大打击和欺骗是只有时间才能疗治的创痛。

第二天早上，朋友借了给吴朋一笔钱，以解燃眉之急，然后什么都没有再提，就送他离开了。

经历了这一次的事情，朋友知道吴朋一定能再站起来，因为他在人生最低谷的时候，依然保持了冷静和理性。

吴朋在极为失意的时候依然是一个很会说话的人，他的会说话体现在有的事情是不能全部说出来的：吴朋的朋友中就有他的客户，客户如果知道他出事了，难免对他的信任会动摇；不但帮不了他，还有可能给他造成压力。但是，吴朋又没有对朋友们掩饰，这让大家也都觉得他是一个表里如一的人。吴朋没有否认自己的状态，还是把所有人都当作朋友的。最后，他找了能够帮助自己的人，也就是借给他钱的这位朋友，并将实情相告。朋友会因为他“独有一份”的信任，而愿意帮助他渡过难关。

这样看来，会说话的人就是会生活和懂生活的人。他们既能用话语为自己争取到更好的利益和更好的处境，又能在失意和低谷之时，用话语保护自己的权利，给自己和他人带来力量。

安慰人可以说话更有高度些

当看到别人伤心的时候，你会默默走开还是上前安慰几句？如果你安慰别人的时候说错了话，那么还不如默默走开。

那么，我们针对别人出现的不同状况，应该怎么说呢？

当别人不希望被问太多原因的时候，就一定不要追问原因，因为信息也是一种资源。你的步步紧逼会给他一种压力，他甚至会认为你利用他脆弱的时刻趁火打劫。

当别人对你倾诉自己有多么惨的时候，很多人都有一种偏见，以为此时只有开启“比惨模式”才会让对方舒缓情绪。这其实是一种很初级的做法，大家可以体会一下下面三段对话的不同。

初级说法：

“我今天很不开心。”

“怎么了？”

“我觉得自己在这个公司没有价值感。”

“其实我也是，我在这个公司也没价值感。其他人都太厉害了，业绩也特别强，我一想到别人比我厉害，也常常不知道该怎么办，我甚至还去给其他公司投了简历……”

“啊？！”

升级说法：

“我今天很不开心。”

“怎么了？”

“我觉得自己在这个公司没有价值感。”

“其实，我以前也有过这样的感觉。感觉别人比自己厉害，有时候也觉得自己的业绩做得不太顺。过了一段很纠结的时光，才走出来。”

“噢，那你是怎么走出来的？”

“我给自己做工作日志，记录自己每天一点点的进步。通过这种记录，我不和别人比，只和自己比，我看到自己在一步步踏实地前进，我心里就不慌乱了。我知道别人今天做到的，我可以通过自己的努力明天来实现。”

“噢，你太厉害了，那我也试试吧。”

高级说法：

“我今天很不开心。”

“怎么了？”

“我觉得自己在这个公司没有价值感。”

“你怎么能有这样的感觉？”

“我比较了一下自己部门的同事，发现别人做的业务量是我的三倍，可是我的工作时间比他们任何一个人的都长。我周末还加班，甚至自己还花了好多钱去外面参加相关业务的培训，可是都没有什么效果，我觉得我快坚持不下去了。”

“噢，我觉得你很了不起呀，这么忙碌的生活节奏，还能坚持给自己充电的人不多了！你学习的东西将来一定能派上用场。另外，我也不认为你比任何一个人差。我们每个人刚来这个公司的时候，都是手忙脚乱的，而你居然很好地适应了，还能在业务上量化自己和别人的差距。你这么有心，一定会越来越好。不信的话，你可以每天做一做工作日志，也许你就能发现你和别人的差距在逐渐变小，你正在一条通往强大的路上一路狂奔呢！”

初级说法的危害在于，因为比惨，过度地透露了自己的信息。而且，这种负面的想法对需要安慰的人根本不起积极作用。也许对方当时觉得有个人和自己一起站在沼泽里，心理上产生了一点儿亲近的感觉，但是事后，只要对方过了这个阶段，就会看轻你，觉得你不过如此。

中级说法的特点是，比初级的做法有所升级，能够成功地转移对方的情绪和话题，并且给对方提供了合理的建议，但是这样的说法会让对方当时只能说你真棒，说你比他厉害，说他要跟你学习学习。要知道，需要安慰的人本来情绪就处于一个自己价值感很弱的阶段，而你几乎是站在岸边，对着一个沼泽地里的人喊：“过来吧，可容易了，我当年就是轻而易举地过来的！”表面上看这样的安慰没什么问题，但是这对促进两个人的关系并不会起到更积极的作用。

高级说法的优势在于，提醒对方，你的脚下本来就没有沼泽，你“本来就很美”，从根本上帮对方建立自信！要知道，无论一个人遇到多么棘手的事件、有着多糟糕的境遇，最终都要靠他自己去克服，先有自信，后有方法。当对方的自信提高的时候，无论你推荐的方法是否管用，对方都会积极尝试，并且在方法无用的时候依然对你心怀感激，然后寻找其他的方法实现自己的目标。

当别人说自己的感情出现问题的时候，大家也可以比较一下这三种说法的不同：

初级说法：

“我今天不开心，和老公吵架了。”

“为什么呢？”

“因为老公的妹妹想来我家住一段时间，我没答应。”

“噢，你老公真是太不尊重人了。他凭什么替你做决定，他根本就是想欺负你。”

升级说法：

“我今天不开心，和老公吵架了。”

“为什么呢？”

“因为老公的妹妹想来我家住一段时间，我没答应。”

“噢，那你就直接告诉他你不同意，但是不要和他吵了。”

高级说法：

“我今天不开心，和老公吵架了。”

“为什么呢？”

“因为老公的妹妹想来我家住一段时间，我没答应。”

“噢，你老公肯定也知道不方便，但是他可能觉得你是个大度的人就答应了。当然，再大度的人也有自己不能接受的事情。所以，他提他的需求，你也可以提你的需求：他妹妹是不是一定要住你家，她想住多久，如果一定要来家里住，那么三个人的生活怎样可以互相都不打扰……也许你们聊着聊着，他自己就觉得太麻烦、不太合适了。”

在这个案例演示中，初级说法的危害是没有从本质上把握人与人之间的关系，尤其对于夫妻矛盾来说，任何第三个评判的人都是“外人”。对方向你倾诉自己不能解决的烦心事，正是来源于她和最亲密的人之间的分歧。初级说法有可能加深了分歧、离间了关系，让对方置于危险的境地，就是把自己置于危险的地位。

升级说法的特点是，维护了眼前人，表面上对对方的伴侣并没有指责，而是直接给出了建议的方法。当然，这对于对方解决真正的问题来说，是没有什么作用的。需要安慰的人并非不知道吵架不好，而是由于和最亲密的人意见不同，当时可能就有点儿心情不好。她也并非没有先和对方表明态度，只是由于内心太强烈的排斥，有可能乱了阵脚，于是演变成了与丈夫的吵架。总之，升级说法的建议是对的，但是并没有什么作用。

高级说法的优势在于面面俱到，案例中的老公、老婆、妹妹都是好人，万事都有解决的办法。这样的回答能够在这么不利的情况下，不仅能让对方心情得到平复，同时在劝慰对方的时候，还提供了帮对方分步骤进行谈判的方法。

当你的同事骂你们共同的领导时，大家也可以比较一下这三种说法的不同：

初级说法：

“我今天不开心，领导批评我了。”

“为什么呢？”

“他说我工作不积极。”

“咱们领导就是个工作狂，总是用他的工作态度来要求别人，他就是做梦！”

升级说法：

“我今天不开心，领导批评我了。”

“为什么呢？”

“他说我工作不积极。”

“咱们领导呀……唉！”

高级说法：

“我今天不开心，领导批评我了。”

“为什么呢？”

“他说我工作不积极。”

“看来他对你期望挺高呀。”

初级说法的危害是，让自己完全站在了领导的对立面，而且胁迫诉苦的人也站在了领导的对立面，这是非常不妙的。在任何公司和单位中，领导的作用基本等同于资源，一个想要快速发展的人，一定不可以得罪自己的领导。

升级说法的特点是，和自己的同事站在了一起。同时，对领导的一声叹息，并没有明确指责自己的领导，但是又暗含批评。

高级说法的优势在于能够把负面情绪转化为正面的、积极的力量，既赞美了对方，又没有批评领导，让所有人都能够进入一个良好的环境中。

说“对不起”有技术

生活中，我们常常需要对别人说“对不起”。

我们分三种情况介绍对不起应该怎么说：第一种是真正对别人造成困扰和不开心的时候；第二种是在工作中的某些重要时刻，我们要判断是否需要说“对不起”；第三种是别人指责我们并没有达到他们期待我们达到的目标的时候。

第一种情况，无论事大事小，都没有不能接受的道歉，只有不能接受的敷衍。

说对不起是一种对你内心的考验，你是真心承认自己对别人已经造成了伤害，还是给自己找各种各样的借口，或者是从根本上觉得说句对不起只是为了摆平眼前的事。

内心的想法不同会让你的语言呈现不同的气势。

“对不起，但我不知道，我不就是晚来了二十分钟吗，你为什么这么生气？”

“你不必这么生气，我对你说对不起还不行吗？”

“你别再揪着这个问题不放了，这个事儿算我错了。”

很难想象以上三种说法是出自一颗真诚、想道歉的心，仅仅是几个词就暗示着道歉的人有多么勉强和不情愿。尤其是第一句道歉，不但没有平复对方的情绪，反而会因为语言中暗含着的那种指责而激怒对方。

正确的道歉是一句恰到好处的对不起，在亲密关系中尤其适用。当你的伴侣生气的时候，你不该先说“对不起”，而是说：“让我们一起来看看问题出在哪里。”

你的伴侣多半情况下都不会拒绝这样的请求，因为对一个人来说，听到对方说一句对不起不如听到对方说“以后不会再因为此类事件惹你生气”这样的话。

接下来，你们就可以一起梳理过程。通过这样的方式，不但疏导了情绪，而且还避免了激化矛盾，因为当对方开始倾诉和表达的时候，两人都进入了理性状态。

你也不必一定停留在道歉的区域，而是可以主动出击，询问对方更细节的感受和态度，借此更了解对方究竟是一个怎么样的人，摸清与他交往和交流的雷区究竟在哪里。

假如对方出现以下说法：

“你迟到了，我等了足足二十分钟，这让我很生气。”

“你居然为了工作上的事耽误了我们的约会。”

“你明知道自己迟到了，还坐公交车过来。你就不能打个车吗？”

对方在乎的重点是不同的：第一种说法是对方对于时间的态度很认真，第二种说法可以从对方看待迟到的原因上分析出对方并不要求你是一个事业型的人，第三种说法可以看出对方的消费观和你之间的差异。

第二种情况，在我们的工作中需要说对不起的时候，要注意其中的利害关系。

有的情况下，我们坚决不能说对不起。

有时，你一定不能有个人感情色彩的流露。万一你流露出“对不起”，事情就会朝着更恶化的方向发展。

方正上班的时候他总是玩手机。有时候，主管走到他身边发现他正在玩游戏，就会用手敲一敲他的桌子示意一下。开始的时候，方正还是比较注意，会有所收敛。

过了一段时间，方正的心思明显就已经不在工作上了，经常玩游戏，团队的任务常常不能完成，给其他的同事添了不少麻烦。后来，主管找他谈话，他表示有一些私人的事情无法解决，心情无法调整。随后在一项重要的考核中，他没有达标，公司对他予以辞退，主管也并没有对他挽留。

当公司辞退方正的当晚，主管接到了他母亲的电话，是从一个很偏远的地方打来的电话。原来，方正的家里的确出现了一些变故：父母离异，双方为家中并不多的财产大打出手……这位母亲当时就在电话里哭出声来，说自己唯一的希望就是儿子。儿子在大城市找到了一份好工作令她很欣慰，都是自己的婚姻不幸，让儿子多年来在精神状态上很不好。她还表示自己的儿子是一个好孩子，就是有时候太内向、不爱说话，有时候会得罪别人，希望主管，再给他一次机会。

面对一个老母亲的哭泣，主管的确心软了。于是，主管花了很长的时间接听这个电话，并从他的角度来宽慰老人。

主管告诉她，第一，是方正没有通过公司的考核，所有人都按照统一的标准进行录用，并不存在针对他个人的行为。这个孩子平时与人为善，与大家没有矛盾。

第二，方正近期的状态是不好，不太适合工作。以往方正上班玩游戏，主管示意一下，他会改正。后来，即使主管明确表示他不可以在上班的时候玩手机，他还是继续低头玩手机。这表示他已经进入一个自己都不能调整的状态里去了。

第三，也许在她生活的地方，一个男孩找一个不用风吹日晒、坐在办公室的工作的确很难，因为越是小城市，得到这样的工作机会就越少，可是在大城市，工作岗位和机会都很多。方正从这里离开，只要锻炼好自己的能力、调整好自己的心态，让自己保持积极的态度，找到类似的工作并不困难。

这位母亲并没有放弃，依然对主管说起她给儿子造成的伤害，而且哭着求主管一定要帮她让儿子重回公司上班。主管最后只能说："公司有公司的决定，公司也有公司的规矩。如果您一定希望自己的孩子重回公司上班，那就只能在再次招聘的时候，让方正来面试。但是，我并不知道什么时候会有这样的机会。"

就这样，这个长途电话打了很长的时间，还是在对方并不太愿意挂电话的状态下结束的。

后来，公司很长时间都没有招聘，这位主管也渐渐淡忘了这个电话。突然有一天，在一次业内的聚会上，他听到了一个消息。

方正去了另一家公司，与那家公司也发生了一些矛盾，出现了要把他辞退的情况。这个坏消息是人事部门的一个小姑娘负责通知他的。可是后来，方正的家里来了几个人，对公司人事部门的这个姑娘不依不饶，说这个小姑娘答应好的事情并没有做到，说她理亏，说她当初就表示不应该辞退方正，还答应帮助他重回工作岗位，事情没办成。这个小姑娘也道歉了，但是道歉没有用，他们要求公司必须再次录用方正。最后，小姑娘由于种种原因被迫离开了公司，方向也并没有再回到公司。

听到这个消息，主管感喟不已。在工作上，我们常常会遇到很多人，有的人的成长环境和生活都是和我们不同的。可是，人人都有自己的困难需要克服，我们有时候面对一些存在各种困难的人时，要克服自己过多的热心，或者说有的热心在本质上是一种软弱。

在面对一位母亲的电话时，你会遭受很大的情感压力，但是如果你顶不住这样的压力，你不自控地表达同情，并做出一些承诺……在对方的认知内，她认为她已经彻底解决了一件事情。她不会认为你只是出于同情说了几句安慰的话，或者认为这只是你的个人行为，她会坚决地认为你代表一个公司做出了承诺。继而，你要为你本来不能承担的责任负责。这样会给双方都带来伤害，尤其是对你自己！

在类似的事件上，不论你被哪一种方式逼迫到墙角，你都不应该说“对不起”。

还有一种情况，是你应该以“对不起”或者是“不好意思给您添麻烦了”来开始。比如，当你销售的东西出现问题的时候，你明知道对方应该找你们公司售后部门来解决，但是因为客户是从你手上买的东西出问题了，所以你先表示抱歉，显示一种诚恳的态度是正确的。这时，如果你说“对不起”，就不会有人对你不依不饶。

第三种情况的发生，通常发生在比较亲近的人之间。当我们没有达到别人的期待时，说对不起是对自己的残忍。比如，当别人干涉你的生活时，不要轻易说对不起，这样会赋予别人介入你生活的权利。这样的情况很多：当父母怪你为什么还不结婚的时候，当亲友说起你在国企工作得好好的却要转行的时候……这都属于别人对你的一种期待。

从根本上来说，这些是别人的事情，也是别人的焦虑，你完全不必为别人的焦虑而动摇对自己的信心，或是转移自己原来的目标。

情绪需要表达出来，
但尽量避免不愉快的交谈

人们难免有生气、郁闷、伤心和不被人理解的时候，这时候，说什么、做什么更能展示出你整个人的态度；有的人对令自己不舒服的人直接进行人身攻击；有的人表面什么都不说，回家生气气出了内伤；还有的人，只求当时痛快，大发脾气，令对方无力还击，然后丢掉了自己的朋友和客户。

以上都不可取，我们应该提前训练自己面对不愉快的场合的说话能力。这样遇到各种情况的时候，我们就能开口说，不让自己气出内伤，说对了，也不伤害别人。我们可以遵循以下三条原则：

第一，去陈述事实，不编造故事。

第二，去表达自己，不评价别人。

第三，去讨论感受，不争论道理。

以上三条，看起来并不难，但是想要在盛怒之时做到却很难，我们需要更深刻地理解为什么要这么做。

举个例子来说，当我们迟到的时候，我们期待别人有什么样的反应？

对方有四种反应。

第一种：“你真是一个不守时的人。”

第二种：“你到底是怎么一回事？”

第三种：“你迟到了半个小时。”

第四种：“我有点担心你，没出什么状况吧？”

第一种说法最糟糕，对方表达负面情绪的时候，给你贴上了负面的标签。这意味着对你这个人的否定，也将导致双方关系的全面恶化。

第二种说法是直接宣泄情绪。这样的指责让你倍感压力，却并没有对你这个人做出坏的评价。

第三种说法基本上已经调整了情绪，只陈述了一个事实。在陈述中暗含着对方对你的期待，也就是他等待你的解释。

第四种说法是最会说话的人才能做出的表达。这样的一句关心，足以让你如沐春风，感受到善意和对方给予的关心。

也许会有人说，我们为什么要委屈自己？既然要把自己的情绪表达出来，当然就是为了让对方知道他的错误在哪里，让他知道自己不是好惹的。

其实，对错并非绝对，这要看我们大脑是如何加工自己所见到的事实的。

以上述场景为例，事实只有一个，那就是你迟到了半小时。

可是，人们在大脑中加工事实的情况并不一样。不自信的人感受到的是一种轻视，自负的人感受到的是一种冒犯，冷静的人认为是一个常态，一个包容性强的人能够感受到对方的紧张和无奈。

我们要尽量拓宽自己的心胸，是因为我们对待自己和对待别人的标准有时候存在着天壤之别。

当我们自己迟到时，我们告诉自己，这只是一个偶然；当别人迟到时，我们有可能认为对方是个懒惰的人。当我们自己的工作出现失误时，我们告诉自己，都是因为最近任务太多，才忙中出错；当别人出现同样的错误时，我们有可能认定对方是能力不足。当我们去大把挥霍时间时，我们告诉自己，人生难免有一些放松的时刻；当别人享受这样的“放松”时，我们有可能觉得对方就是不求上进。

由此，我们可以看出，要改变语言，先要改变原则。要改变原则，先要改变思路。

以下三个场景可以帮助我们更好地理解和使用前面所说的三个原则。

当你好心邀请你的同事参加一个行业聚会的时候，他本来答应要来，最后却并没有来，你会以什么样的方式来询问他？

除了指责对方“出尔反尔”，你可以这样说：“我邀请你一起来，本以为你会来，但是我没有看到你。是因为这个时间点，令你有些为难吗？”这样的一个疑问，你同时做到了：陈述事实，不编故事；表达自己，不评价对方；关注对方的感受，没有争论道理。

当你的父母干涉你的生活、婚姻、工作的时候，你真想说：“这是我自己的事，用不着你们操心。”可是，你知道他们对你的干扰来源于他们的关心。所以，你可以这样直接表达自己的需求：“我希望自己能够更加独立，所以，期待您能对我的婚姻赞助不包办，对我的工作建议不决策。”

当你的伴侣指责你太胖的时候，你本想还击："你也很胖。"可是，也许对方并不胖，也许对方真的是在为你的健康担心。那么，你可以这样说："我听到你说我胖，这让我更加焦虑。我希望下一次在我忍不住要吃更多的时候，你给我一个善意的提醒，或者在你出去锻炼身体的时候，能花一点儿耐心等待我和你一起去锻炼。"

值得注意的是，我们使用这样的表达方式时，要尽量把"我"放在句首，因为把"你"放在句首，在对方看来有可能是指责。当对方认为你在指责他的时候，他也不会顾全你的感受，反而会展开全面的自我防卫。那样谈话就真的进入了僵局，很难再靠三言两语挽救回来。

与内向的人沟通有方法

和外向的人一起聊天，你可以放松，但和内向的人一起聊天，你要尊重他们的感受，并且给他们发言的机会。

曾经有一次，钱经理和部门的同事开会，开会的时候多了一名实习生小乔。那是很老实、木讷的一个男生，他们开会谈到了很多计划，小乔都低头不语。

后来，他们聊到了一个赞助方，希望赞助方能够为一次活动提供充足而有品位的礼品。分配工作的时候，钱经理安排了小乔加入这次活动，并随口问他“没问题吧”。小乔立即表示没问题，同时很认真地当场去确认和记录此次活动所需要的礼品数量和时间，并针对不同的情况将礼品做了分类。

更令人没想到的是，他说完这些，居然用低低的声音说了一句：“那这样我就和我姐夫说去……”马上有同事留意到了他的这句话。这时，我们才知道，小乔的姐夫就是合作方的重要决策人。

在那次活动中，小乔的确发挥了很大的链接作用。后来，有人问他为什么这么低调，小乔的回答是：“大家没有问的事情，我自己不愿意说。”

到后来，更让大家惊喜的是，小乔是团队中一个看似不活跃却很重要的人：开会时，大家一起天马行空地跑题的时候，他会羞涩而及时地劝大伙收回话题；当部门举办一些活动的时候，他甚至成了幕后的主角，提醒大家掌握节奏和流程；当需要通知客户来参加活动时，如果让他去联络和通知对方，他一定会把活动地址的具体位置描述得很清楚，将乘车路线、私家车如何停车等细节全部通知对方。

内向的人就是这样，也许他们思虑事情的想法很周全，也许他们对很多事情也有自己的独特优势，但是如果你不关注他们的感受，他们就不会主动去提。尤其在公开场合，我们会发现，总有几个积极发言的人，但这几个人的能量和观点有时候不足以涵盖你要知道的事情，所以开会的时候，在场只要有沉默的人，一定要适时地把话题给他们引过去。

只要你有目标感地对他问一句“你觉得呢”“你还有什么意见吗”，就比你对所有人说“还有不同意见的人可以提”更能激发他们参与和说话的欲望。

在日常生活中，我们和内向的人聊天，也有特别要注意的地方。虽然我们有时候抱怨对方的话题太少，但是在对方看来，他们已经表达了很大的沟通意愿。

例如，一个内向的人突然问你：“你周末干什么？”

如果你仅仅回答：“我周末约了朋友去看望一个老首长。”

话题就到此结束，两个人的关系基本上就不会再推进。

内向的人和外向的人有本质上的不同，外向的人提出一个问题，他会自动推进这个话题。还是以上面这个话题为例，外向的人可能就会自动接上话题，表达自己的计划：“噢，你活动还是挺丰富呀，我这个周末想去找个度假村放松一下，你有没有什么好的地方可以推荐？”

但是对于内向的人而言，他的一个简单的提问中可能暗含着某种需求和提问。他期待你回答完自己的问题后，问出那一句重要的话：“你呢？”当你问出一句他们期待的话时，他们才能进入自我表达的阶段。

例如以下的对话：

初级说法：

“你周末干什么？”

“我去找朋友，你呢？”

“我一个人待着。”

以上对话的缺憾是因为对方封闭了自己，话题本可以再进一步，却到此结束了。在这里给大家透露一个简单的回应方法，那就是当对方说了你很难接话的一句话，或者是一时难以回应的话题时，你可以通过回复对方的关键词，给自己找时间，或者是启发对方再次进入互动中。例如：

“你周末干什么？”

“我去找朋友，你呢？”

“我一个人待着。”

“噢，一个人待着呀？”

“是的，周末也不知道去哪里。”

“我推荐你去一下附近新开的一个健身房，挺好的。”

“噢？”

“我最近和朋友去过，健身教练很专业……”

升级说法：

“你周末干什么？”

“我去找朋友，你呢？”

“我一个人待着。”

“噢，一个人待着不错呀，不被人打扰。那你一个人的时候愿意做些什么呢？”

“我爱看美剧。”

“噢，我看不懂，我爱看韩剧，最新出了一个韩剧，男主角是……”

以上对话的问题对很多人来说都很常见，那就是一开始话题成功地引导了对方，但是后期，自己就成了“麦霸”，围绕着自己开始表达和倾诉，完全忽略了对方的感受。

高级说法：

“你周末干什么？”

“我去找朋友，你呢？”

“我一个人待着。”

“噢，一个人待着不错呀，不被人打扰。那你一个人的时候愿意做些什么呢？”

“我爱看美剧。”

“美剧是不是更贴近生活呀？”

“我觉得美剧里的人物有很多缺点，但是很有趣。”

以上对话的优点在于用提问引导对方有更多的表达。只要你开启了对方心灵的钥匙，你会发现内向的人心中别有丘壑。

迅速抓住对方的注意力

和善于倾听的人聊天是一种享受，和没有时间听我们说话的人聊天，有时候却是我们不得不面对的常态。

我们和这样的人聊天的时候，要迅速吸引对方的注意力。不然，如果不能在开始聊天的三分钟内让对方的精神为之一振，那么后面你会发现，无论你有再多的真知灼见或者新鲜、有趣的笑谈，对方都是意兴阑珊。

那么，我们怎么能一扫对方的困意呢？尤其对于那些经常听恭维话的人来说，他需要听到一些让自己精神一振的话。所以，你得大胆地“刺激”他一下，让他的思维活起来。此时，他才能真正听到你说的话，也才能对你留下深刻的印象。

由于工作需要，柳青常常需要面对一些创业者和企业家。这两类人相对来说都不是好的倾听者，因为创业者和企业家的时间和注意力都是成本。

可是，在和他们谈合作之前，柳青不得不说些什么，让他们好好听他说话。

有时候，柳青会引用他们曾经说过的话，从中加工出一个疑问，例如：“您曾经在很多场合讲过您做企业的初衷和您对该企业的发展愿景，其中您讲到过您一定不会让自己的企业涉足一些您不了解的行业。可是，我发现近年来，您的企业在传统的行业里也在布局和谋发展，您是怎样看待自己的这种变化呢？”

或者从企业发展的规律，问一个常规的问题，例如：“任何企业的发展都要经历初创期、发展期、成熟期和衰退期，您有没有对自己的企业在未来可能要面临的衰退期做一些计划和准备？”

这些问题听起来也许并没有什么特别，但是如果在合适的时机下问出，就会绵里藏针，令人一扫困意。

有时候，哪怕是对别人的恭维，你也可以让你的思路不走寻常路，让对方“醒一下”。

对于初次见面聊天的人而言，恭维别人没有的东西是一种讽刺，恭维别人拥有的东西是一种常态，恭维别人已有的东西可能带来的烦恼是一种深入的洞察，容易引起共鸣，并能推进聊天。

通常来说，女人为美而生，男人在困难中展示力量。当我们遇到一个人的时候，去恭维女性的漂亮、恭维男性的坚强是常规动作。那么，如何在常规动作中玩出花样，让对方有精神和你继续聊下去也是一种艺术。

拿女性来说。

初级说法：

“你不仅漂亮，还有才华。”

对方感受：对方会对你产生怀疑，你怎么能用眼睛看出这么“笼统”的“才华”？

升级说法：

“你是我见过的女创业家里面最漂亮的女士。”

对方感受：虽然流于俗套，但是对方的内心一定不会产生不悦的感觉。

高级说法：

“因为你是个企业家，要和形形色色的人打交道，你怕不怕别人不在乎你的内涵，只根据你的外形，就判断你只是一个漂亮、单纯的小姑娘而已？”

对方感受：提出这样的问题，显然你对对方的外表是高度赞美的，同时让对方既能够感受到你的赞美，又能够愿意继续和你往下深聊。

对一些男性的恭维，我们可以用提问的方式入手，因为你毕竟不可能一见面就说：“你真是个坚强的男子汉。”

所以，你的恭维可以转换成一种请教的方式，像询问对方一些问题，让对方感受到你对他的关注和崇拜。

比如：“外界传言，这次为了企业更大的发展，您在股权上做了很大的让步，是什么让您具备这样的公心和洒脱？”

再如：“我们都知道您总是提倡‘办法总比困难多’，我曾听您的客户这样对我说起您，他说，只要您在现场，他们感觉一切问题都会有办法解决。那么，在您的职业生涯中，有哪一次的事件让您感觉最棘手？”

以上的提问中暗含着一种对对方品性的恭维，在无形中拉近了彼此的关系，打开了聊天的新局面。

真诚需恰到好处

我们在生活中能看到很多真诚却不会说话的人。在思想上，我们知道这样的人值得结交，但是在行为上我们却偏偏选择了远离。可见，一个人真诚很重要，但是说话显得真诚又能恰到好处，也非常重要。

偏偏就是有很多人，在聊天这方面对自己没有严格的要求，动辄就说“我心地很好，只是不会说话”“我心直口快，所以别人不能接受”“我这么严厉地说话都是为了对方好，为了让对方意识到他的错误”。

以上这些说话方式都是自以为是的真诚。我常常用这样一个例子，让大家来感受“自以为是”有多么不可靠。

有个男人发牢骚说：“我对我的女神那么好，可她为什么从来不给我打电话？！”

朋友为了维护对方的感受，立即回应：“就是，她居然不给你打电话，真是太过分了。不过，你是怎么对她好的？”

这个男人说：“我经常想着她——天气好的时候，我会想象她今天会做什么，她完全可以去游泳、打球、远足。天气不好的时候，我也会为她担心，想她出门会不会被太阳晒到。我享受美餐的时候会惦记着她是否好好吃早餐了，我还会担心她会不会因为总想着减肥而失去享受美食的乐趣……”

朋友接着说："就是说，你对她付出的一切，全部是在脑海里完成的，是吗？"

男人说："是啊，我们甚至都没有留对方的电话号码。"

很多朋友听完后，都会说，这完全是杜撰的，生活中怎么可能有这样的故事。我的回答是，故事是我杜撰的，但是道理却是真实的，并且在我们的生活中处处可见。

太多的人在和别人的交往中，只是为了完成自我感动，完全不在乎别人接受了多少好处。如同上述的笑话，对方一点好处都没有享受到，但是说话的人自己却被自己感动得热泪盈眶。

更可怕的是，在人们的聊天中，有的人说话只是为了让自己痛快，令对方收获的可能只有伤害。同时，说话的人还美化自己的语言，说自己真的是为了点出真相，帮助对方成长。

所以，我在此一定要强调的是，真诚，不只是你自己以为的口无遮拦，还需要是一种让对方感觉到的舒服。如何能够让对方舒服，我们可以从下面两个角度来入手。

你可以点出自己存在着同样的问题

在指出别人的缺点时，要告诉对方，你之所以对这个问题敏感，是因为你自己曾经也有这样的问题，再告诉对方你是如何克服的。

我们感受一下两种策略的不同。

初级说法："我开诚布公地告诉你，在这个事情上，你太想讨好所有人了，所以你模糊重点、远离目标，你的失败是必然的。而且，现在没有一个人说你的好话，大家都会觉得你开始的时候给所有人画大饼，最后跟着你的人什么都没有得到。”

升级说法：“我能理解你在这个事情上的感受，你一开始时只是希望所有人都满意，但是这种好的想法在实际操作的时候却很难实现。我刚开始创业时也是这样的，后来我做事情的时候变乖了，会在一开始就把风险情况先提醒给所有人知道。”

要站在对方的位置来看自己，表明你在乎对方的感受

当我们遇到一个令我们特别放松的人时，我们一定要记得提醒自己，那是对方做得很好，对方是个情商高手。在这个过程中，我们享受到了对方带给我们的愉悦，我们投桃报李，要看到自己不足的地方，并真诚地表达出来。

初级说法：“今天是我们第一次见面，我觉得你这个人挺好的。和你在一起，我想说什么就说什么，真是太放松了。你下次什么时候有空？我还想找你聊天。”

升级说法：“虽然我今天和你是第一次见面，但我说了很多心里话。也许对你来说，我显得太唐突了，但是我的确对你产生了一种老朋友一样的感觉。希望下一次，也让我多倾听你的心声。”

5

Chapter 5

问到点子上，答得水平高

封闭式问题期待值更高

通常情况下，当我们想让某人对某件事做出明确回答，或者促使对方下定决心时，有多种提问方式，比如，以比较温和的态度请求说：“你觉得……如何？”但有时候，为了不给对方留有摇摆或动摇的余地，而想让对方直接且由衷地回答问题时，采用封闭式提问的方法，效果最佳。

所谓封闭式问题，就是缩小回答问题的范围，或者对回答的内容进行一定限制，也可以在提问时给对方一个框架，让对方在有限的答案中进行选择。这样的提问方式可以让回答者按照指定的思路去说，而不至于跑题。

孙雨与朋友合伙在市中心的黄金地段开了一家咖啡店，主要销售咖啡和茶，不过让他郁闷的是该店自开业以来生意一直不甚理想。孙雨觉得老这样下去肯定不行，便找了个曾经做过市场营销的朋友到店里体验一把，看问题究竟出在哪里。

他的朋友当天就以一个普通顾客的身份来到店里，服务员很热情地迎上来，问道：“先生，请问需要来杯咖啡吗？”这位朋友看了服务员一眼，说“不需要”。紧接着，服务员又问道：“那泡壶茶怎么样？”孙雨的这位朋友没有多说什么，就点了一壶铁观音在那里独自品尝，顺便观察服务员对周边其他顾客的服务。

第二天，孙雨很早地来到店里，开始营业之前，给所有服务员开了一个会，并让他们把对顾客的询问统统改成这样：您好，请问您是喝咖啡还是喝茶？原来，孙雨的朋友体验完之后，对环境和产品都给予了较高的评价，唯有服务员的询问方式让他有点不舒服。孙雨根据朋友的建议调整了服务员的询问方式，没多久，小店的营业额就有了明显的提升。

其实，小店服务员最初的询问方式效果之所以不佳，主要是因为它给一般的顾客提供了否定回答的借口。后来采用的询问方式多出一种选择，把小店的产品都覆盖到了。一般情况下，这种选择式的问题，可以有效限定顾客的注意力，让他们在限定的范围内做出选择，这样的话，主动权就会在服务员身上，而非顾客身上。

在用封闭式方法提问的时候，我们也可以通过一些控制潜意识的方法，让对方的思路朝着有利于我们期待的方向发展。说到这个方法，就不能不提一个很有名的心理试验——AB箱试验。

试验者先是让听众想象一下，在他们面前摆放了两个“箱子”，分别以“A”和“B”代称。然后，试验者用左手和右手分别比画了一下A、B两个箱子的轮廓以及它们所在的位置，随后放下双手。紧接着，试验者在让大家凭直觉想象其中一个箱子时，同时举起了自己的右手，并指向B箱所在的位置。接着，试验者对听众说道：“现在请大家直接想象一下你们脑子里出现的箱子，并告诉我是哪一个。”听众几乎是异口同声地回答：“B箱。”

在这个试验中，听众们自己或许认为之所以选择B箱，只是源于第一意识，与他人无关。实际上，并非如此，因为试验者通过这样一个暗示性的动作，控制了听众的潜意识，并引导了他们的选择，只是对方没有觉察到而已。

这种控制潜意识的方法，其实在我们的日常生活中很常见。比如，周末你约了一个朋友打算到市中心的一条美食街上吃火锅，结果有两家都挺不错的，不过你更倾向于一家规模虽小但整体格局比较温馨的店。此时，不妨利用“AB箱试验”，对朋友说：“前面那家火锅店规模大，更显时尚，这家火锅店规模小，更显温馨，你觉得去哪家好？”说完之后，不要把指向旁边小规模火锅店的那只手放下来，相信你的朋友肯定会说去这家小规模的。

再举一个销售方面的例子。假如你是一家房地产的客户经理，在和一个客户谈完准备签约时，不妨把两份合同都摆在客户面前，并问他：“这里有两份合同，一份是分期付款，一份是一次性付清，你看你选择哪一种？”当你这样说的时候，看着对方的眼睛，并把手放在一次性付清的合同上。此时，不要额外给客户施加压力，让他平心静气地选择，客户多半会选择一次性付清合同。

另外，在运用封闭式提问方法的时候，最好把你更喜欢的那个结果放在后面，或者在讲到这个选项时放慢语速，或者把语调上调。这样一来，客户会无意识地偏向你所期望的那个结果。

用开放式提问让对方畅所欲言

开放式问题，顾名思义就是与封闭式问题相对。有时候，我们为了让谈话有效地进行下去，或者想获得更全面、更深刻的信息，就要多提开放式问题。开放式问题有点类似于中学生考卷中的问答题，不是一两个词就可以回答的。这种问题一般都需要解释和说明，同时也可以向对方表示你对他们说的话很感兴趣，想了解更多的内容。

那么，什么是开放式的问题呢？下面举个例子来说明一下。

A：“你好吗？”

B：“很好！”

A问B“你好吗？”B不知道A到底问他哪一个好，是身体、心情，还是其他什么。他回答说“很好！”A当然也不知道他哪里很好，工作、感情好，还是生活好。这种问题就是开放式的问题，就是问得很广泛，回答的余地也很广泛。

“最近怎么样？”这样的问题通常得到的也是泛泛的信息，通常在关系一般或者互相还不太了解的情况下使用这种提问方式，在得到对方的信息之后再提出相对有针对性的问题。比如，走在路上偶遇一个很久没见的熟人，你对他的近况也不太了解，出于礼貌就会打招呼：

A：“最近忙不？”

B：“还好，不是很忙。”

A：“吃过饭了吗？”

B：“还没吃。”

A：“哦！那你准备干什么去？”

B：“我，哦，也不干什么。”

因为问的都是封闭式的问题，所以随着交谈的深入就会发现你的问题也变得越来越没有味道，交流也会陷入一种越来越尴尬的境地。

因此，与人沟通的前期阶段，最好先采用开放式问题，也可以穿插封闭式问题，但这样的问题不能太多。问开放式问题的一个非常大的好处是可以从中寻找话题，话题多了，交流自然也就多了；交流多了，对方的心扉就会自然而然地向你敞开，你们的关系也会更近一步。

开放式提问就是要摆脱所谓的条条框框，让对方回答的时候可以畅所欲言。这种提问常见的关键词有“什么”“怎么样”“为什么”等。比如，“你对我去国外留学这个计划有什么看法吗？”“周末去植物园赏花怎么样？”“为什么你不愿意尝试一下呢？”

即便有时候这样的问题只是出于礼貌，象征性地问一下，也可以借此试探一下对方交谈的兴趣：对方想说，就会长篇大论；不想说，就会做简短回答。另外，从对方的回答里，也可以发现新的话题，为接下来的谈话准备提问的素材。开放式问题可以环环相扣，这样一来，随着交流的深入，你获得的信息也会更加丰富。还是以两个人碰面为例，重新开始一段谈话，看看会有什么不同的效果：

“最近忙什么呢？”

“年底了嘛，当然是忙着冲业绩，今年的指标完成的没有去年的好啊！”

“难怪好久都不见你了。那现在是什么情况？说一说，看有什么地方是我能够帮到你的。”

“我50万的年度指标现在完成了80%，所以接下来两个月要赶紧把这个缺口补上。不过因为也到年底了，所以大部分公司的预算都用完了。”

“哦，这样啊。我们公司可能还要搞一个庆典，回头我也帮你问问，到时候要找策划公司，我回头也帮你搭个桥，牵个线。”

“哎呀，要真是这样的话那就太好了，如果这单成了，回头一定请你好好吃一顿。”

就这样，问题从原来的“忙不忙”变为“忙什么”，结果就大不一样。“忙不忙”在很多人眼里就是客套话，所以为了节省自己的时间，对方也会觉得没必要认真回答。当你问“忙什么”时，对方自然会觉得你很重视他，回答的时候也会很给力。当然，关键是，“忙不忙”是一个选择性很强的封闭式问题，对方回答的时候思维已经被局限在忙和不忙之间。如果用“忙什么”，那么对方回答的自由度就会大增，回答起来也会更加亲切。

所以，如果想和对方进行实质性的沟通，就可以多问一些开放式的问题，这样也会把你们的关系拉得更近一些。另外，对方说得越多，说明对你越信任，而这正是你打开对方心扉的法宝。

做好问与不问之间的取舍

问，贯穿于人与人沟通交流的始终，比如小到陌生人之间的寒暄，大到国家之间的磋商。从表面上看，问的重心在回答者的一方，所以难度也在回答者一方。事实上，把问题问到点子上很能考验一个人的说话能力。针对应该问的问题，你问到了，对方答得愉快，你自己听着也悦耳；针对不该问的问题，你问到了，别人尴尬，你也着急。所以，问还是不问，这是一个值得思考的问题。

那么，有哪些问题是该问的呢？首先，就是那些明知故问的问题。比如：

"听说你最近买了一个苹果手机，用起来很酷吧？""听说你最近又出了一本历史题材方面的书，一定很畅销吧？"事实上，你对自己所问问题的答案多少都会有所了解，但你还是想通过这种问的方式，让对方感觉到你很在意对方，从而赢得对方的好感。接下来，你们可能就会针对你问的这个问题展开更广泛的讨论，互相之间的关系也会更为融洽。

好奇心人皆有之，用对地方了，会让自己从中获益良多，但是用不到地方，只会给自己带来麻烦，比如控制不住自己的好奇心，问一些不该问的问题。我们都知道，在社交场合，男女各有自己的谈话禁忌，如不问男士工资，不问女士年龄。这些话题对方不愿意讨论，如果你只是为了满足自己的好奇心，一味追问，只会招致对方的反感。

在社交场合，问错了问题，或许只会造成一个尴尬的局面，但是在商场或市场，问错了问题，就会带来直接经济上的损失。

有一天，一家跨国公司北美营业部的首席执行官弗雷德在和一个朋友聊天的时候，突然情绪激动地咆哮道："我真想把他们从我的办公室里扔出去！"

朋友疑惑不解，问道："什么事让你如此烦躁？"

"凡是你能够说得出名字的公司，"弗雷德告诉朋友，"包括IBM、麦肯锡、高盛，他们总是试图向我兜售他们自己的产品。"

弗雷德以前是一家世界著名银行的首席信息官（CIO），每年都会有成百上千的销售员给他打电话。弗雷德很聪明，也非常强硬，容不得任何愚蠢的行为。

"你真的把他们扔出了你的办公室，还是说开个玩笑？"这位朋友问他。弗雷德回答："我没开玩笑，因为他们问了一个十分愚蠢的问题。"

"什么问题？"

"是什么让你彻夜失眠的？"弗雷德摇了摇头，继续说道，"太过分了，怎么会有这么可怕的问题，陈词滥调，没有一点新意。我觉得只有天下最懒惰的销售员才会问这样的问题，但事实上，似乎每一个销售员就像统一培训或者提前商量好的一样，都在问我这个问题。"

"这样的推销方式对你不管用？"朋友问道。

"是的，一点用都没有，而且对任何人都如此！"

接着，弗雷德从三个方面对这个问题的愚蠢性做了深刻的剖析。

毫无疑问，任何想让弗雷德成为自己客户的销售员都不能从类似的问题上收获半点益处，因为只要一开口，就会被对方“扔出”办公室。

人们常说“路边的野花不要采”，同样，不该问的问题也不要碰。下面就是人们根据经验总结出来的不宜问的问题：

第一，别人的隐私。

每个人都会有自己的隐私，比如工资、存款、年龄、夫妻感情、不愿公开的工作计划或者一些之前发生的丑事等。询问隐私本身就是一种不太礼貌的行为，如果不加克制，势必会激怒对方的情绪，造成冲突。因此，在你向对方提问之前，应先在脑子中过滤一下，看这样的问题是否会涉及对方的隐私，如果有，那就不要问。

第二，对方不知道的问题。

如果不确定对方是否有能力回答你提出的问题，那么就要慎重一些。比如你问一个地方官员去年全国发生的乙肝病例是多少，他就可能回答不上来。回答不上来你提出的问题，对方没面子，你也会感到不好意思。

第三，同行的状况。

俗话说：“文人相轻，同行相忌。”在市场经济环境下，竞争日趋激烈，人们往往不愿将自身的经营状况与竞争对手过多交流。问这样的问题，势必会让对方尴尬。

另外，在问别人问题时，还要注意不要打破砂锅问到底。在老师眼里，那些打破砂锅问到底的学生大都有着炽热的求知欲，学习成绩一般也不差，所以老师也鼓励学生这样去做。但踏入社会或者换个场合之后，这种行为不见得就是好的。比如你问对方是哪里的，对方说“广州”，接下来就不要再问了。如果对方想说，他自然会说得更详细，之所以没说，是因为不想让你知道得太详细。所以，问问题要适可而止。

总之，在与人的交往过程中，要时刻谨记该问的问，不该问的不问。要知道，谈话是为了让双方都产生兴趣，而不是为了维护一方的兴趣。

巧借他人之口，化难为易

如果我们不自我设限，就会发现这个世界上能借的东西很多，包括他人之口。有时候，自己想获得一个信息，直接问太唐突，间接问太麻烦，不问的话，心中的焦虑又无处释放，所以此时最好的办法就是借他人之口，解自己之困。

高琳在一家外企公司给总经理当秘书。一次和总经理到外地见客户，谈一个很重要的项目。本来说好的两天的谈判，结果一个星期都快过去了，还是不见有任何结果。为了获悉谈判进展，同时也为了提前安排总经理的日常工作，便想确认一下何时返程。不过，高琳觉得如果直接问总经理的话很不礼貌，便想出一个好办法，她对总经理说："酒店服务台刚才打来电话说有预订机票的优惠服务，问我们是否需要。我们要不要现在回复？"总经理思考了一下，说："问一下他们能不能订明天的票。"这样一来，高琳心中有数，也开始有条不紊地进行返程的准备。

高琳借用酒店之"口"来问自己想知道的问题，避免了贸然催促总经理而带来的不快，不得不说很高明。借他人之口，听者不易发现你的目的，而你也无须有什么避讳之处。这种方法看似简单，如果处理不好难免会出现疏漏，弄巧成拙。下面是几种常用的"借口"方法，可以作为日常提问的参考。

借大家之口

向某些名人或者身份特殊的公众人物直接提问可能会冒犯对方，此时可以借用一些宽泛且模糊的“大家”“我们”来发问，比如：“大家想知道……”“你能不能给我们解释一下？”这种问法会给对方造成一种印象，即这些问题不是我想问，而是大家想问，不是我想知道，而是我们想知道。这样既显得亲切，被问者也会考虑到自己的话不是说给某一个人听，而是给一群人听，因此讲起来也会更给力。当然，既然是借大家之口，就要问一些意义重大、关注度高的公共问题，而不能问一些只和自己有关的问题。另外，既然是公众人物，就要顾及人家的隐私，不能问些过于粗俗或与主题无关的问题。

借上级之口

工作的时候，难免会与不同部门、级别的人打交道，自然会遇到某些比较势利的人。遇到问题，如果以自己的名义向对方发问，比如，你问另一个部门和你级别差不多的同事工作报告准备得怎么样了，而此人正好就属于那种比较势利的人，他很可能不会正经八百地回答你，因为这样会让他们觉得很没面子。相反，如果你说：“小刘，主任让我来问问，你们的工作报告准备得怎么样了。”这样一来，他就会重新审视你的问题，并做出严肃的回答。因为一旦你这样问，你的身份就发生了转变，由“办事者”变为“传话人”。这样即便他再怎么看你不顺眼，也不会违背主任的意志。虽然有时候借用上级领导的头衔会显得官腔十足，但关键时刻，它往往能起到奇效。

借不相关人之口

有些问题不方便直接问，但又没有现成的他人之口可借时，不妨找一个和此问题不相关的人来问。比如，你是一位未婚女士，想向朋友咨询一些妇科方面的疾病，为了不让对方知道自己的隐私，不妨借一个“朋友”之口，说：“我有个同学……”当然，你说的这个同学根本不存在，但这不重要，重要的是你从朋友那里获得了你想要的信息，而朋友也不知道你是在咨询自己的问题，自然不会暴露你的隐私，日后也会省去很多麻烦。

不妨多多采用苏格拉底式的提问法引入对话

苏格拉底是古希腊著名的哲学家、教育家，也是一位非常善于提出问题的大师。他并非采取对着众人演讲的方式教导学生，而是通过一系列发人深省的问题引导他们自由思考。通过这些问题，学生能够在学习的过程中自主地提升思维能力。尽管只是一点一点地渗透，但是苏格拉底的问题总能够揭示问题本质，直指事物核心。

青年欧谛德漠想成为一名政治家，为了能够让他正确认识和理解什么是正义，苏格拉底便和他展开了一段对话。

苏格拉底："虚伪应当归于哪一类？"

欧谛德漠："自然应该归于非正义一类。"

苏格拉底："偷盗、欺骗、奴役等应归于哪一类？"

欧谛德漠："应归于非正义一类。"

苏格拉底："如果一个将军惩罚那些严重损害自家利益的敌人，并对其采取了奴役的手段，能说这是非正义吗？"

欧谛德漠："不能。"

苏格拉底："如果他偷走了敌人的财物或在作战中欺骗了敌人，该如何断定？"

欧谛德漠：“这当然没问题，但我指的是欺骗朋友。”

苏格拉底：“好吧，那我们就讨论一下朋友间的问题。倘若一个将军所统率的军队丧失了进攻的勇气，他欺骗士兵说援军马上就到，以此来鼓舞士气，且取得了最后胜利。这种行为应怎样理解？”

欧谛德漠：“也应算是正义的。”

苏格拉底：“如果小孩生病，却不肯服药，父亲骗他说药很好吃，结果治好了他的病。这种行为该属于哪一类呢？”

欧谛德漠：“应属于正义一类。”

苏格拉底：“如果一个人发了疯，他的朋友怕他自杀，偷走了他的刀。这种偷盗是正义的吗？”

欧谛德漠：“它们属于同一类情况。”

苏格拉底：“你不是认为朋友间不能存在欺骗吗？”

欧谛德漠：“请允许我收回我刚才说过的话。”

通过这个故事我们会发现，苏格拉底采用问答法，环环紧扣，步步推进，启发诱导，而他判断的标准都是一般的社会准则。苏格拉底经常以“什么是美德”“什么是美好”展开与别人的讨论。苏格拉底自己似乎对这一方法格外提倡，曾经甚至说过：“人类最高级的智慧就是向自己或他人提问。”现在世界上很多大学都在采用苏格拉底提问法，最有名的就是哈佛大学商学院。

那么，究竟该怎样才能将苏格拉底的方法运用到日常工作和生活中呢？怎样才能像苏格拉底一样思考呢？

首先，应该学会从提问开始，不要声明、阐述或者命令。

比如：不要说“我们必须要改进客服质量”，而应试着问“你如何评价我们目前的客服水平”；不要说“你要明白，如果你不在一个月内找到工作，我们就会停止对你发放津贴”，而应试着问“你对找工作有什么新的想法吗”；不要说“对于你的臭脾气，我实在是受够了”，而应试着问“你发脾气的时候，是否想过这会影响你与家人的关系”。

其次，问一些最基本的、他人都会想到的问题。比如，在工作中，有人说：“咱们需要更多的创新。”你不妨问：“在你眼里，创新是什么？”当你听到有人发出团队合作的倡议时，可以问：“当你说‘团队’时，你的意思是什么？”

在和朋友一起聊天时，如果对方一直抱怨家庭和事业无法平衡，你可以问他：“什么样的状态才算是家庭和事业的平衡？”如果有人说：“我不信任他。”此时你可以回应：“在这种情况下，对你而言，信任是什么？”

诸如此类的问题能够引导谈话各方进入更深层次的讨论，也会引起他们更全面的思考。如果能做到这点，那么你也会赢得“智慧导师”的声誉，即引导别人步入正轨，而非将自己的观点强加于人。

总之，我们要汲取苏格拉底说话的精髓，勇敢走出自我束缚的小圈。多提出一些假设性的、谁都会想当然地用肯定词语回答的问题。只要能够真正将这种问问题的方式融会贯通、学以致用，就能让你的每一次交流都与众不同。

灵活运用反问的说话技巧，变被动为主动

面对他人的提问，我们常规反应是对其做出回答，但有时候我们不清楚提问者的动机，不想直接回答，此时就可以采用反问的方式进行回应，这样做就相当于把“球”踢给了对方，主动权也就转移到了自己身上。

比如，关系一般的同事问你是否有女朋友，如果不想回答，就可以反问说：“你为什么想知道？”或者在大型商场，有顾客问：“这款口红还有别的颜色吗？还是说只有你们展示的象牙白和流炫红？”此时，因为你并不清楚顾客究竟喜欢什么颜色，也不知道她这样问的目的是什么，所以盲目回答都有可能将自己置于一种尴尬的处境。面对这种情况，不妨说：“你需要什么颜色的？”然后，再根据顾客的情况有针对性地提出自己的看法，就会收到很好的效果。

沃克是美国经理人保险公司的创办者，在做业务的时候，他就是一个非常善用反问技巧的推销高手。下面是他与一位顾客的对话。

顾客：“你为我推荐的方案让我印象很深刻，要不这样，你留一张你的名片，我过两天给你打电话再细聊。”

沃克：“非常感谢你对我的认可，但是我可以问一下为什么要过两天才给我打电话呢？”

顾客："因为我要再仔细考虑一下这个方案才能决定是否要投保。"

沃克："我能否再冒昧地问一句，您为什么总是要事先详细考虑一下呢？"

顾客："大约10年前，有个家伙向我推销了一款防风窗户。他说得很好，也做出了各种承诺，所以我几乎没怎么考虑就签了合同。结果，因为疏忽大意，给我带来了多年的烦恼。"

沃克："对于这件事，我深表同情。那你认为10年前与一位防风窗户推销员打交道的经历，阻止你10年后接受这套计划的原因是什么？"

顾客："那次经历让我变成了一个非常谨慎的人，同时也养成了一个习惯，就是做任何事情前都要详加考虑，以便不做出错误的决定。"

沃克："哦，我明白了，也能体会你的感受。那么除了这点外，还有别的什么因素阻止你接受这套方案吗？"

顾客："其他的没有了，主要就是这一点。"

现在，人们应该清楚为什么顾客不能立刻下单了吧。沃克不但知道了，而且最后也获得了这位顾客的保单。很多从事销售方面工作的人员经常会遇到顾客来自各方面的异议，有些人觉得困难像刺猬，应对起来很难，有些人的感觉却恰好相反。实践证明，遇到类似这样的困境时，用反问的说话技巧经常可以发挥出显著的效果。

当然，反问的目的并非是说把什么东西推脱掉，而是要找到一个巧妙化解异议的方法。针对他人提出的异议，可以用问题做一些引导，以此来获得对方的真实想法。先来看几个案例：

顾客：“这件衣服不太好看！”

销售员：“哪里不太好看，样式还是颜色？”

顾客：“这个东西怎么像假的一样？”

销售员：“您觉得哪里不像真的？”

顾客：“这个包太贵了！”

销售员：“那您心目中的价位是多少？”

顾客：“这衣服挺不错的，只是……”

销售员：“既然不错，为什么不买下来呢？”

上面这些异议是销售人员经常会遇到的，而且有经验的人也都知道该如何应对。当你用反问的方式处理客户的这些异议时，不仅把“刺猬”抛给了对方，还可以从中了解到更多的信息。此刻，顾客提出的异议如果没有依据，就很难对你的反问做出回答。

不管你是什么身份，在日常生活中灵活运用反问的说话技巧，往往会变被动为主动。这样一来，当你在与别人交谈时，就不用被他人牵着鼻子走。

6

Chapter 6

委婉含蓄做得到位，拒绝也得体

幽默中拒绝，也能自如地收到效果

如果说说服主要考验一个人的智商，那么拒绝则更像是在考验一个人的情商。拥有高情商、懂得拒绝别人的人，不但可以维持与被拒者固有的关系，还可以借此机会树立高尚的品德以及展示良好的修养等。

相反，不懂拒绝的人，即便他说的理由千真万确，也会让他的形象在对方心里大打折扣。那么，如何让自己在拒绝的时候既可以维护自身形象，又不破坏双方的关系呢？

事实上，只要在拒绝的时候适当地带点儿幽默，就可以很自如地达到这种效果。

张轩是一家公司的销售经理，最近正在和一个老客户谈一笔大买卖。这位客户仗着自己已经和张轩的公司合作多年，而且这次要的货也非常多，便一直往下压价。虽然张轩已经把价格降到了“史上最低”，但对方显然还不满意，坚持让张轩在原有价格的基础上再让一大步。

张轩非常清楚，如果价格再降，公司几乎就不可能从这笔买卖中获得任何利益，所以他也非常生气。不过，张轩也知道，自己不能生气，因为对方的进货量相当于公司一个季度的销量，如果把这个客户得罪了，就相当于得罪了公司的“财神爷”。所以，张轩既不能答应对方的要求，又不能直接拒绝对方的要求。

就在双方陷入僵局的时候，张轩突然说："好吧，我同意你们的报价。"

听到张轩的表态，客户几乎高兴得跳起来。突然，张轩接着说："不过，你们先给我们的工人准备一些过冬的衣物和食品，因为冬天马上就要到了，总不能让工人们忍冻挨饿白帮你们干吧？"

听张轩这么一说，对方的谈判代表干咳了两声，然后说道："这个当然不行。要不这样，价格这一块我们再研究一下。"

结果，10分钟不到，对方就同意了张轩提出的最低价。不能不说，正是张轩的机智幽默化解了危机，让公司顺利地拿下了这单生意。

如果张轩在一开始就态度很强硬，或者直接告诉对方"我们不能接受这个价格，因为如果这样做，我们就没有利润可言了"，那么结果可能完全会是另外一个样子。

虽然这句话和上文中的"忍冻挨饿"是一个意思，但后者的表达效果明显比前者更委婉、更幽默。这种略显搞笑、夸张的诉求，不仅让对方真切地感受到自己的难处，而且还能体现出自己的真诚。

在生活中，遇到别人向自己提出要求或者请求都是很常见的事情，这些要求、请求里面有些是合理的，有些是不合理的，而且即便都是合理的，我们也不可能全都答应对方。尤其是当自己非常熟悉的朋友、亲戚、同事等提出自己不能或者不方便接受的请求时，我们往往会处于尴尬、纠结的境地。此时，如果板着脸拒绝，则势必会伤害双方感情；如果能够以幽默的方式调侃一番，效果就会大不一样。

刘燕因为长得漂亮，而且有点儿像姚晨，所以大家私下都叫她“小姚晨”。不过，长得漂亮也给她带来了莫大的苦恼，比如，经常有人找她搭讪，甚至示爱等。

刘燕知道“爱美之心人皆有之”，所以她也不想用一些难听的话伤害搭讪的人。不过，当这样的事情发生得太频繁，已经干扰到自己的正常生活时，她也有点儿吃不消。为此，她特意买了一本有关如何幽默地拒绝别人方面的口才书，并从中学了一些拒绝的方法。

有一次，刘燕独自在餐厅吃饭，有位帅哥前来搭讪：“请问这个位置是空的吗？”

刘燕微笑着冲对方说：“没错，如果你坐下来，我这个座位将会是空的。”听完这句话，那位帅哥便尴尬地走了。

还有一次，一个暗恋刘燕的同事在电话里邀请她一起去爬山。刘燕知道对方的想法，所以不想让对方有什么误会，便骗对方说自己头痛，想在家休息。

没想到这个同事还挺执着地说：“来吧，我会让你这个周末过得非常愉快！”

刘燕故意说：“你的意思是说，这个周末你肯定不会出现在我面前吗？”

那位同事听后，无奈地挂断了电话。

虽然这么说难免会让那些爱慕者们伤心，但刘燕这种幽默调侃式的拒绝已经把对他人的伤害降到了最低。试想一下，如果自己明明不喜欢对方，还假装热情地接受对方的邀请，那么到最后只会让双方都伤得更深。

所以，为了避免不必要的麻烦，每一个人都要学一点儿幽默拒绝的说话技巧，以备不时之需。如果真的能够做到这一点，拒绝的场面就会多一些善意，少一些尴尬。

巧用别人的意思来拒绝，就会更透彻更易被接受

为了让拒绝更顺理成章，人们通常都会说一些真真假假的原因，比如“我没有时间”“我再考虑考虑”“我已经买过了”等。这些原因有一个共同点，即责任人的第一承担者都是“自己”。这种方法并非不能用，只是若遇到难缠的对象，则对方往往会揪着你不放，希望从你这里得到一个最终的答复。那么，有没有一种办法可以规避或者减少这种情况的发生呢？事实上，我们只要把思维变通一下，就可以找到一个不错的解决办法。

黄凯是某大学的总务处负责人，所有涉及后勤方面的事务，都由他全权管理。因为经常要做一些采购方面的决策，所以经常会有各种各样的推销员找他，希望学校能够用他们的产品。刚开始，他拒绝的时候总是会说“你介绍的产品我们现在库存不缺货”或者“我对你们产品的质量不放心”等。

不过，使用这种拒绝话术通常会出现这样一种情况：昨天才被自己拒绝的销售员第二天又来了。后来，他特意问一个销售员：“我不是已经告诉你了，我们不需要你的产品，你怎么又来了？”

那位销售员理直气壮地说道：“你都没用过，怎么知道我们

的产品不好呢？要不你先采购一批试试，不好用的话，我保证以后再也不来打扰你了。”

黄凯寻思着：总是这样可不行。客户建议今天用这个试，明天用那个试，什么时候是个头啊！最后，他决定改变自己拒绝的策略。

没过几天，又有一个推销A4纸的销售员来敲黄凯办公室的门。黄凯按照惯例接待了这位销售员。不过，当销售员提出让学校试试他们厂家生产的A4纸时，黄凯很有礼貌地说道：“实在是抱歉，我们学校刚刚和一家造纸厂签订了一份为期3年的供货合同。学校也规定，在合同有效期间不能再从别的销售商那里购买此类产品。如果我从你这里购买产品，则是违约的行为。”

黄凯的意思很明确，不是他本人不想买，而是学校有规定。这样一来，责任的承担方就是学校，而不是他本人。所以，销售员再怎么和他纠缠都不起作用。有时候，我们根本不需要绞尽脑汁地去想如何拒绝他人，只需要干净利索地把“不”说出来就行。当然，为了切断对方的后路，最好借用“别人的意思”。在上面这个案例中，所谓别人的意思，其实就是“学校的意思”。

当我们借用他人的身份来拒绝的时候，表面上看像是在推卸责任，但这种行为也很容易被对方理解：既然爱莫能助，那就不要再勉强了。学会了这一拒绝技巧，将会让我们在生活中减少很多烦恼。比如，一位家庭主妇在小区门口遇到推销化妆品的。虽然她心里想的是对其质量不放心，但依然可以这样拒绝：“不好意思，我丈夫不让我在家门口买任何东西。”虽然拒绝之语是出自家庭主妇之口，但销售员并不会感到不快。因为一方面，家庭主妇并非只是拒绝了自己，而是拒绝了所有在她家门口卖东西的人；另一方面，并不是这位主妇不想买，而是她的丈夫不让她买。

我们生活在一个庞大且复杂的关系群体中，各种制约因素也很多，但只要你愿意，就能找到一个绝佳的拒绝对方的理由。比如，如果你是某事业单位的领导人之一，有熟人找你办事，则你可以推托说单位采用集体表决制，单位领导需要就刚才提到的事进行讨论。为了进一步打消对方的念头，你可以“打个预防针”，说根据你的经验，类似的事情通过的概率较低，让他别抱太大的希望。这就属于推托之词，意思是能不能帮他办成事不是你说了算，要看大家的意思。如此一来，即便对方当时没死心，后来事情没办成，他也不会有太多怨言。

一般来说，巧用别人的意思来拒绝可以更容易地让对方理解和接受，也断绝了对方纠缠或者刁难你的可能。当然，你也可以利用这一策略，巧妙脱身。

正话反说，让人更易领会和接受拒绝

正话反说又称反语，就是运用跟本意相反的词语来表达此意，含有否定、讽刺以及嘲弄的意思，是一种带有强烈感情色彩的修辞方法。事实上，把这种修辞用在拒绝他人方面，不仅可以达到委婉含蓄的目的，而且能够激起对方更深的反思。

曾经有一位不得志的电影导演，想知道大家对自己所拍电影的看法，便决定和观众做一次近距离的交流。当时，某个县城的露天广场的LED屏上正在播放他导演的一部电影，他也混在人群里观看。让这位导演尴尬的是，电影还没结束，观众就已经走了一半。此时，他看到旁边的一位观众正打算起身离开，便拉住对方说："你好，老乡，耽误你两分钟时间吧！我是刚才这部电影的导演，想了解一下你对我拍的这部影片的看法。"

老乡先是一惊，然后顺嘴说了一句："我觉得很不错啊，和老百姓的欣赏水准非常一致。"

导演问："那么为什么影片还没放完，大家就都走了呢？"

老乡说："因为影片的结尾大家早就料到了，导演简直是和观众心有灵犀啊！"

日常交谈中难免会出现像上面案例中不便直接回答的话题，此时借助正话反说，把"词锋"隐遁或把"棱角"磨圆，既能表达自己的见解，又不至于让双方尴尬。上面这位老乡就是正话反说的高手，表面上句句都在夸奖导演，实际上是婉言贬低、拒绝观看。

西汉时期，曾经喂养过汉武帝的一个乳娘好管闲事，经常惹汉武帝不快。最后，汉武帝决定把她迁出宫外去住。

这位乳娘已经在皇宫生活了几十年，很不愿离开。就在她忐忑不安的时候，她突然想到了大臣东方朔。此人是汉武帝身边的红人，而且这位乳娘也听说他言辞敏捷、滑稽多智，希望他能帮助自己在汉武帝面前说几句话。

乳娘把自己的想法告诉东方朔后，对方给她出了一个计谋："如果你真的想留在皇宫，就在皇帝派人将你带走的时候，不断地回头注视他，千万不要说什么话。你照这样去做，兴许还有一点儿希望。"

这一天到来时，乳娘按照东方朔的交代，满眼泪水，回头向汉武帝看了好几次。这时，只听见东方朔故意大声说道："乳娘，你赶紧走吧！皇上现在已经用不着你喂奶了，你还犹豫什么呢？"

一听东方朔这几句话，汉武帝想到自己是吃她的乳汁长大的，而今她又没犯什么大错，自己却要将其驱逐出宫外，便十分伤感。结果，乳娘还没走远，汉武帝就已经收回了成命。

在这个故事里，东方朔就非常巧妙地利用了反语。表面上看是让乳娘赶紧走，实际上是想激起汉武帝的怜悯之心。另外，当说出"皇上现在已经用不着你再喂奶了"这句话的时候，东方朔正是借此向汉武帝暗示，他是吃着乳娘的乳汁长大的，现在仅仅因为老人的一些小毛病就要把她赶出去，岂不成了忘恩负义之徒？这样，东方朔通过正话反说，成功地规劝了汉武帝。

正话反说在现实生活中不宜多用，只要能让对方明白你的意思就可以了。在采用反语拒绝时，措辞最好幽默风趣，这样既不至于让气氛过于紧张，又不会让别人为此而生气。如果你态度生硬粗暴，则只会引起对方的愤怒。总之，拒绝别人时，正话反说可以迂回地表达自己的观点，让听者在比较舒坦的氛围中欣然接受信息，这比直言陈说能更为有效地达到拒绝的目的。

善意谎言的巧用，使拒绝更见成效

麻省大学的心理学家罗伯特·费得蒙经过研究发现，60%的人在10分钟的交谈中撒谎2～3次。他还发现撒谎高手通常人缘都比较好。

这个研究结果似乎违背社会道德常识，但却不难在生活中得到印证。美国前总统克林顿在电视上向全国人民公开撒谎，但他的人缘却无人可及。在西方社会，政治人物撒谎成性是人尽皆知的事，但却没有一个政治人物公开承认自己是个撒谎者。

与经常撒谎的人相比，那些从来不撒谎的人会发现自己经常得罪人，而且做事总是四处碰壁。即便是那些把实话说得很委婉的人，也无法完全摆脱这样的困境。那么，结合以上观点，我们是否应该得出这样的结论：为了更好地在社会上生存，我们可以适度而善意地撒点儿谎？

事实上，如果一个人的谎言纯粹只是为了让自己在意的人过得更好，他的撒谎行为就是可以接受的。当然，这并不意味着在涉及谎言方面，不能有一点儿私心。这既不现实，也不客观。比如在拒绝他人的时候，为了避免不必要的误会，或者减少自己的麻烦，适度的、善意的谎言还是可以的。

对于别人的请求，你可能出于各种原因不能马上拒绝。此时，你不妨先答应下来，然后再用反悔给对方一个交代。因为你当面一口拒绝的话，对方极有可能会认为你压根儿就没打算帮助他。他可能会因为你的“冷酷”而疏远你，你们的关系难免会受到影响。因此，最好的做法是给对方一种你已尽职尽力地为他服务了的感觉。比如，有个老乡让你帮忙给他找个工作，你不妨取出笔和本，认真地记下他的毕业院校、所学专业、本人志趣和特长等。这样浪费不了你多长时间，别人看起来心里也舒坦。临走时，你不妨再坦率地补充几句：“你的事我一定放在心上，明天我就托人帮你问问，过几天再给你答复，怎么样？”

几天后，你最好抢在对方给你打电话之前，把你为他介绍工作的情况向对方简单说明一下，比如，“这几天我托了几位老同学问了一下，有两家单位还是有这方面意愿的，你再稍微等等”。

再过两三天，你再主动联系他，说：“真对不起，你工作的事我已经尽力帮你问了，但是很不巧，现在很多单位都是满员的。真是不好意思，估计是帮不到你了。”你这样一说，即便你没有帮到他，他也会对你心存感激的。

当然，在用善意谎言的时候，有两点需要特别注意。首先，你不能赤裸裸地骗对方，比如明明什么事都没做，还把自己的辛苦描绘得栩栩如生。其次，你的谎言不能给对方造成经济上或者精神上的损失。比如，对方已经到了揭不开锅的地步，想赶紧找个工作维持生计，结果你答应帮助对方，却整天晃晃悠悠好像没事人一般。这种做法就是非常不应该的了。

善意的谎言作为应急之法、权宜之计可以偶尔为之，但不适合常用。毕竟天下没有不透风的墙，你的谎言终有一天会被他人发现。而且你说的谎言越多，被发现的概率就越大。如果没有发现还好，一旦被对方发现你欺骗了他，哪怕是善意的谎言，对方对你的信任度也会大幅下降。以后你再想让对方相信你，就难上加难了。